1. Jean a les yeux bleus, les cheveux blonds, le visage ovale, la bouche bien dessinée et le nez retroussé.
2. Tu as les mains sales, va te les laver.
3. Il est resté chez lui parce qu'il avait mal à la tête.
4. Il est d'une négligence incroyable.
5. Sa famille vit à La Rochelle.
6. Combien coûte le kilo de raisin?
7. J'ai classe le mardi après-midi.
8. Elle possède une compétence indéniable.
9. Où se trouve le nord sur ce plan?
10. La Grèce, le Danemark, la Grande-Bretagne et l'Irlande sont des Etats membres de la Communauté Européenne.
11. La Pentecôte tombe cette année le 1er juin.
12. Il s'est rendu au Mans pour assister aux 24 Heures.
13. Samedi, je suis allé m'acheter le livre que tu m'avais recommandé.
14. En France, on ne tire pas de feux d'artifice pour (à) la St. Sylvestre comme on le fait par ex. en Allemagne.
15. Ce livre est d'un intérêt certain.

1. Je regarde régulièrement la série policière qui passe le jeudi à la télé.
2. Les ministres des Affaires Etrangères du Portugal et de l'Espagne se sont rencontrés à Lisbonne.
3. C'est au Havre qu'est né Bernardin de St. Pierre.
4. La baguette de pain coûte actuellement 2 F.
5. Il poursuivait son but avec une grande détermination.
6. Nos amis rentreront jeudi du Mexique.
7. Au Brésil, on parle (le) portugais, alors qu'en Argentine, au Chili, en Colombie et au Paraguay on parle (l')espagnol.
8. Les sources énergétiques du Canada sont pratiquement inépuisables.
9. Il n'y a pas que le mazout et l'essence qui aient augmenté mais également le charbon, le bois, le gaz et nombre d'autres matières premières.
10. Son attitude témoigne d'une grande honnêteté.
11. L'Inde, la Yougoslavie et l'Egypte font partie des pays non-alignés.
12. Les mathématiques et la biologie sont les matières préférées de mon frère.
13. L'entretien avec le professeur Ménard sera diffusé mardi à 21 h.
14. Fais ce travail le plus vite possible.
15. Permettez-moi de vous présenter le docteur Chemin.

1. Le coton est plus agréable à porter que les matières synthétiques.
2. Il jouit d'une excellente santé.
3. Je suis plus doué pour les langues que pour les sciences.
4. Les Fayard et les Virot ont loué ensemble un chalet de vacances.
5. Ses arguments sont d'une grande portée.
6. Est-ce que tu t'intéresses à la littérature?
7. Le professeur Lambert a fait un exposé sur les maladies virales.
8. Il jouit d'une grande notoriété.
9. C'est en juillet et en août que nos notes d'électricité sont les moins importantes (élevées).
10. Cette maladie est d'une extrême gravité.

4   1. des, des   2. de   3. des   4. –   5. de   6. les   7. de   8. des, des, de   9. des, de, de
    10. –   11. d'   12. de   13. les   14. de   15. de   16. des   17. –   18. d'   19. –   20. de

5   1. –   2. les, de   3. les   4. des   5. de   6. –   7. d'   8. de   9. –   10. d'   11. –
    12. de   13. les, les   14. d'   15. de   16. de   17. –   18. d'   19. des   20. les   21. les
    22. de   23. –   24. les   25. d'

6   1. des   2. –   3. le   4. –   5. les   6. –, –   7. – (Le mois de janvier)   8. –   9. le
    10. des   11. –   12. –   13. des   14. –, –   15. –   16. –   17. la   18. –, –
    19. –   20. –

7   1. – Est-ce que tu as très faim?
       – Non, je n'ai pas faim, mais j'ai très soif. As-tu quelque chose à boire?
       – Oui, je peux t'offrir du lait, du thé ou de la limonade.
       – Je n'aime pas le lait, par contre, j'aime beaucoup le thé.
       – Dans ce cas, je vais te faire une tasse de thé.
    2. Le petit déjeuner anglais se compose au choix: d'œufs au bacon (avec du bacon), de
       tomates, de porridge ou de conflakes, de toasts avec du beurre et de la confiture,
       accompagné de jus d'orange, de thé ou de café.
    3. Le soir, nous mangions souvent du poisson. Comme mon frère n'aime pas le poisson,
       ma mère lui préparait la plupart du temps un bifteck.
    4. Il devient de plus en plus difficile de distinguer les matières naturelles comme (telles
       que) le bois, le cuir, la soie, la laine, des produits synthétiques.
    5. Ce n'est pas de l'or, c'est de l'argent. – Mais non, tu te trompes, c'est de l'or blanc.
    6. Tu ne peux tout de même pas comparer ce mousseux de mauvaise qualité à du vrai
       champagne.
    7. Il m'est déjà arrivé de confondre (du) Haydn avec (du) Mozart, (du) Tchaikovsky avec
       (du) Rachmaninov.
    8. C'est un garçon qui a de l'assurance, de la volonté et du courage.
    9. Pour réussir, il faut aussi avoir de la chance.
    10. Cet écrivain manque, à mon avis, d'imagination.
    11. Il a fait de l'allemand (de la sociologie, de la musique, de la psychologie).
    12. Il aime bien la musique pop. (Il aime bien écouter de la musique pop.)
    13. J'ai eu bien des ennuis avec cette voiture.
    14. Rapporte une douzaine d'œufs du marché.
    15. La plupart des amateurs de football comptaient sur une victoire des Brésiliens.

8   1. les, de, du, des, des, des, des, des, des   2. de, de, de, de, de, de, de, de   3. –, –
    4. des   5. des   6. des   7. des   8. du   9. des   10. des, de, des

9   1. du   2. –   3. –   4. de la   5. de l'   6. –   7. –   8. –   9. du   10. du   11. –
    12. du   13. de l'   14. –   15. de l'   16. du   17. –   18. du   19. –   20. du   21. –
    22. du   23. de la   24. –   25. de l'

10 1. Son attitude a un côté (caractère, aspect) provocant.
    2. J'ai appris là un détail (élément) important.
    3. Un événement (phénomène) inattendu s'est produit entre-temps.
    4. Il a rarement un mot gentil pour ses subordonnés.
    5. Cet été, j'ai vécu des moments (événements) merveilleux.
    6. Il y avait dans l'air des signes menaçants.

7. Cette théorie comporte des arguments (éléments, aspects) convaincants.
8. Cette maladie a un caractère (côté, aspect) sournois.
9. Il a oublié là un aspect (détail, côté, élément) essentiel.
10. Ce contrat présente des articles (éléments) contestables.
11. L'arc-en-ciel est pour bien des enfants un phénomène fascinant.
12. Cette mélodie avait des accents bien tristes.
13. Ses recherches n'ont apporté aucun éclairage (détail, élément, aspect, note) nouveau sur l'affaire.
14. Ce tableau apporte une note (aspect, côté) élégante à la pièce.
15. Cet incident a (revêt, prend) un aspect (caractère, côté) inquiétant.
16. Il y a dans cette histoire un élément (détail, côté, aspect) vrai.

11
1. toute la   2. tout   3. toutes   4. tout   5. tout   6. tous les   7. toutes   8. toute
9. tous   10. tous   11. tout   12. tout   13. toutes   14. tout   15. tout, tout   16. tout
17. tous   18. tout   19. toutes   20. toute

12
1. toutes les   2. tout   3. tous   4. tous   5. tout   6. tout   7. toute   8. tous
9. toutes   10. tous   11. tout   12. tout   13. tous   14. tous

13
1. Le soleil disparut tout à coup derrière la colline.
2. Ce n'est tout de même pas de ma faute si le courrier n'est pas encore arrivé.
3. Je n'ai pas tout de suite compris de qui il parlait.
4. Ce paquet est arrivé tout à l'heure.
5. Il faut tout d'abord que j'aille au marché.
6. Cette explication est, à mon avis, tout à fait erronée.
7. Tout enfant déjà, elle était très sensible à la musique classique.
8. Ce n'est pas l'avis de tout le monde.
9. Jean-Marc avait lu à peu près tout Stendhal.
10. Les cloches de l'église sonnent toutes les heures.

14
1. On peut compter sur eux en toute occasion.
2. Nous n'avons pas eu le temps de visiter tout Rome.
3. Le Tout-Paris se trouvait réuni pour cette soirée de gala.
4. Les pompiers doivent être prêts à intervenir à toute heure.
5. Je vous écrirai, en tout cas, dès mon arrivée.
6. De toute façon, nous passerons chez vous.
7. Elle était, pour tout dire, assez satisfaite d'elle-même (arrogante).
8. Admets une fois pour toutes que chacun a le droit d'avoir un avis.
9. Nous irons à la plage tout à l'heure.

15
2 Ma correspondante française   3 l'année dernière   4 une jeune fille sympathique
5 bien entendue   5 Sa silhouette est celle d'une personne mince   6 de taille
moyenne/ses longs cheveux bruns   7 son visage ovale/plus menu qu'il n'est   8 d'un
front un peu bas   8/9 les traits de son visage sont réguliers et harmonieux   9/10 bien
formés et bien proportionnés   10 dans ce visage   11 le regard perçant de ses yeux
bleu ciel/encore accentué   12 bien marqués/elle   14 la moindre joie/la plus profonde
tristesse oder: la tristesse la plus profonde/la plus légère surprise oder: la surprise la plus
légère   15 l'enthousiasme le plus débordant   15/16 d'une certaine manière   16 à ce
visage un aspect tout à la fois naïf   18 les tenues sportives/des tricots bleus
19 sûre   21 pieds nus oder: nu-pieds   23 belle   24 vue/une robe vert pomme

24/25 des chaussures orange   25 un chapeau jaune paille   25/26 une tenue chic   27 le tempérament vif   28 de dents parfaitement blanches et éclatantes   29 heureuse   30 moins évident   31 expédiés en une demi-heure   32 vue   32/33 une heure et demie   33 sur un devoir difficile   33/34 un caractère assez extraordinaire   34 une seule fois   34/35 Son intelligence vive   35 sa bonne mémoire/d'une aide précieuse   36 des notes correctes.

16   2 prénommée/blonde   3 coupés très courts/un visage assez rond   4 petite/flous   5 fins que ceux   5/6 une observation minutieuse   6 le front assez haut et bombé   6/7 de petits yeux gris-vert   7 le nez discret/la bouche fine   8 un air songeur   9 les tenues assez habillées/âgée   10/11 de grossières erreurs (des erreurs grossières)   12 plongée   14 ses remarques intelligentes et souvent même amusantes   15 plu/son attitude attentive et patiente   18/19 qu'une seule idée.

17   2 d'une petite ville alsacienne   2/3 brillant élève   4 de cette année scolaire   5 son corps musclé/une grande place   6 longs/châtain foncés/brun   6/7 le teint mat   7 les yeux noisette/les sourcils touffus/le menton   8 surmonté/d'une bouche bien dessinée   9 une volonté inflexible/une énergie farouche   10 un être renfermé auquel   11 l'air bourru   12 muet/le regard fixe/figés   15 un caractère inquiétant   16 prévisibles   17 au grand air   18 une carrière possible   20 sa qualité première.

18   2 au premier étage   3 d'un étroit escalier   4 une pièce rectangulaire   5 largement éclairée/par une vaste baie vitrée   6 d'une belle lampe   7 les papiers les plus divers/placée   7/8 cette baie   8 un fauteuil confortable   8/9 recouvert de tissu clair   10 sur le côté droit/une petite table   11 encombrée de livres/autres documents   11/12 le mur le plus large   12 un divan de cuir foncé   13 sur la tapisserie vert-clair/ce divan est surmonté   15 Celle située/est métallique/elle couvre   16 à elle seule   16/17 de cette étagère alignés   18 L'étagère, installée   18/19 plus petite   19 l'ai confectionnée/Elle se compose   20 d'étroites planchettes/A côté de cette étagère   21 une table ovale relativement grande, montée sur un seul pied central   21/22 de forme imposante   23 tels que   24 table basse blanche   25 de l'étagère métallique   26 un fauteuil   27 un film intéressant   28 lithographies abstraites/l'une   30/31 des arbres fruitiers   31 les teintes les plus variées   32 à une distance approximative   32/33 les premières collines   33 de moyenne altitude (d'altitude moyenne)   34 d'un village voisin/ce beau paysage.

19
1. de ports fluviaux tels que
2. documents originaux
3. ses bons et loyaux services
4. des assemblées régionales
5. les sociétés pétrolières importantes
6. un élément essentiel
7. les principaux thèmes abordés/ceux
8. attirée par la vie intellectuelle
9. qu'une vue partielle
10. deux ensembles architecturaux distincts
11. les événements exceptionnels
12. banals
13. les manifestations officielles
14. ses tâches quotidiennes

15. les plus résidentiels
16. une industrie textile très concurrentielle sur le marché mondial
17. des bâtiments communaux
18. de nombreuses communes rurales
19. de nombreuses propositions constructives/avancées
20. les promesses électorales/tenues

20
1. cette toile/évocatrice/au siècle dernier
2. les négociations salariales/débuté
3. les pouvoirs publics/compréhensifs
4. les plus grands chantiers navals français
5. la phase finale
6. les journaux locaux/les résultats sportifs
7. d'accords internationaux
8. les idées générales
9. les lois sociales
10. des rapports amicaux
11. des propos triviaux
12. fatals
13. des boissons fraîches
14. une gentille lettre
15. les œuvres complètes
16. un très vieil instrument
17. les forces conservatrices/importantes
18. leurs pneus normaux par des équipements spéciaux
19. quatre roues motrices
20. des gestes brutaux

21
1. ancien patron/bâtiments anciens
2. avis différent/différents points de vue
3. des dons certains/certain nombre
4. propre frère/chemise propre
5. des gens curieux/curieuse façon
6. d'histoires drôles/drôle d'histoire
7. seule voix/personnes seules
8. dernier film/l'an dernier
9. de sérieuses difficultés/une personne sérieuse

22
1. Il lui offrit un bracelet en or.
2. Dès le début du mois de décembre, on sent dans les rues une ambiance de fête, de Noël.
3. Yvonne avait gardé sa grâce de jeune fille.
4. C'est un hôtel de première catégorie (classe).
5. Elle avait toujours rêvé d'une robe en (de) soie de chez Louis Féraud.
6. La bouderie est souvent une réaction d'enfant.
7. Ses récits étaient toujours pleins d'humour.
8. C'est un problème de mathématique qu'il n'aura aucune peine à résoudre.
9. En hiver, il porte des chaussettes en (de) laine.
10. As-tu déjà eu l'occasion de boire du vin de Californie?
11. Il y avait entre nous de bons rapports de camaraderie.

12. L'atmosphère d'automne éveille en moi des sentiments mélancoliques.
13. Il tomba dans une crevasse de 60 m de profondeur.
14. L'ambassadeur des Pays-Bas fut légèrement blessé au cours de l'attentat.
15. Ce magasin ne vend que des produits de première qualité (catégorie).
16. Le morceau de métal radio-actif est conservé dans une capsule en acier.
17. C'est une personne pleine d'esprit.

23   1. à   2. de   3. de, à   4. aux, de   5. de   6. pour, en, en, pour (par)   7. de, de, de (par)   8. à   9. aux, à   10. de   11. à   12. de   13. au, des, à   14. aux, à   15. de   16. du, de   17. à   18. de, des (pour), de, de   19. de   20. de, à (pour)

24   1. C'est le roman le plus intéressant que j'aie lu depuis longtemps.
2. C'est la pire des choses qui pouvait nous arriver.
3. Elle se sent mieux aujourd'hui.
4. C'est le tableau le plus beau de la collection.
5. Le Centre (de la France) est l'une des régions les moins touchées par le tourisme de masse.
6. C'est elle qui a manqué le plus rarement (le moins souvent).
7. Il a toujours les meilleurs arguments.
8. Nous nous attendions au pire.
9. Il n'a plus maintenant la moindre chance de gagner.
10. Ce film est interdit aux moins de 18 ans.
11. C'était de loin le moins difficile d'entre nous.
12. Il vaudrait mieux que tu termines tes études.
13. Le meilleur moyen de réussir est de croire à ce que l'on fait.
14. Il a choisi le moindre mal.
15. Il va plus mal aujourd'hui.

25   1. Elle réussit de mieux en mieux ses gâteaux.
2. J'ai perdu; tant pis.
3. Il est de loin le moins bon nageur de l'équipe.
4. C'est à la fin de l'année que les banques ont le plus de travail.
5. Ce sont les vignes qui ont le plus souffert du froid.
6. Rien n'est pire que l'attente.
7. C'est lui qui a roulé le plus vite.
8. C'est très aimable de votre part (à vous). — C'est la moindre des choses.
9. Les enfants couraient à qui mieux mieux.
10. Je n'y vois pas la moindre objection.
11. A partir de ce moment-là, les choses allèrent de mal en pis.
12. Il ne pleut plus; tant mieux.
13. Dans ce cas précis, le remède a été pire que le mal.
14. Vous n'avez pas opté pour la meilleure solution.
15. Ce sont là ses plus mauvais résultats depuis longtemps.

26   1. Cet enfant a l'esprit beaucoup plus vif que ses camarades.
2. Il ne fait pas autant de sport que moi.
3. Nous nous sommes d'autant plus réjouis de cette nouvelle que nous ne nous y attendions pas du tout.
4. Plus il gagnait d'argent, plus il devenait avare.
5. Aujourd'hui il fait plus beau (meilleur) qu'hier.

6. Au cours de ce tournoi, tu as plus mal joué qu'au cours du précédent.
7. Notre nouvelle cafetière est beaucoup plus pratique que l'ancienne.
8. L'eau du lac est plus chaude aujourd'hui qu'hier.
9. Je n'ai pas dépensé autant cette fois-ci que la dernière fois.
10. Plus je bois, plus j'ai soif.
11. Je n'aurais jamais cru que ces mots-croisés me donnent autant de peine.
12. Notre nouvelle voiture consomme beaucoup moins (d'essence) que la précédente.
13. Je ne possède pas autant de livres que toi.
14. Nous ne sortons pas autant que vous.
15. Elle joue bien mieux au tennis que son amie.

27
1. Mon vélo est aussi léger que le tien.
2. Plus il découvrait cette ville, plus elle lui plaisait.
3. Il a préféré démissionner (plutôt) que de se voir renvoyer.
4. J'admire d'autant plus sa réussite qu'il est parti de rien.
5. Je n'ai pas les mêmes ambitions que toi.
6. Il n'est pas aussi désintéressé qu'il veut bien le laisser croire.
7. Tu seras aussi heureux ici qu'ailleurs.
8. Tu peux regarder la télévision autant que tu veux (voudras).
9. Ce roman m'a d'autant plus intéressé que son action se déroule dans ma ville natale.
10. Notre jardin n'est pas aussi grand que celui de nos voisins.
11. Les idées sont exposées plus clairement dans ce chapitre que dans le précédent.
12. Cette veste en tweed me plaît autant que celle en cuir.
13. Je préfère rouler plus doucement que de risquer de me faire retirer mon permis.
14. Il ne travaille pas aussi tard le vendredi que les autres jours de la semaine.
15. Il n'a plus la même confiance en soi (lui) qu'auparavant.

28
1. Elle a brillamment réussi son examen.
2. D'ici, vous pourrez commodément observer le gibier.
3. C'est précisément ce que je voulais dire.
4. Nous avons assisté à une brillante représentation de «Faust».
5. Elle l'aurait suivi aveuglément.
6. Donnez une réponse précise.
7. J'y ai longuement réfléchi.
8. Elle avait une confiance aveugle en lui.
9. Je ne te reproche absolument rien.
10. Il régnait un silence absolu lorsque l'orateur quitta la tribune.

29
1. Tu as trouvé là une façon commode de ne pas prendre tes responsabilités.
2. Cette question a entraîné de longs débats à l'Assemblée.
3. A ta place, j'agirais différemment (autrement).
4. Ma grand-mère était une personne très gaie.
5. Leurs caractères sont très différents.
6. Les enfants chantaient gaiment.
7. Ce film n'est pas du tout récent (nouveau).
8. Tu pourrais me parler plus poliment.
9. Les alpinistes traversaient le glacier très prudemment.
10. Pourquoi changes-tu constamment d'avis?

30 1. profonde / profondément
2. secrètement / secrets
3. indépendamment / indépendant
4. constamment / constant
5. apparente / apparemment
6. ardemment / ardent
7. énormément / énorme
8. évident / évidemment
9. patientes / patiemment
10. prudent / prudemment
11. récemment / récents
12. violentes / violemment
13. gentiment / gentille
14. polie / poliment
15. vraiment / vraie

31 1. cher / chèrement / cher
2. bon / bonnement / bon
3. chaudement / chaud / chaud
4. faux / faussement
5. juste / justement / juste
6. clair / clairement
7. doux / doucement / doucement
8. lourdement / lourd
9. net / nettement
10. froidement / froid
11. bas / bassement
12. hautement / haut

32 1. On doit d'abord constater que ... De plus, il est devenu ... Il faut signaler ensuite que ... Enfin, il est à noter que ...
2. Lorsque nous sommes arrivés vers 16 h, nous avons commencé par laisser ... et jeter ... Ensuite, nous nous sommes rendus ... (Oder: Nous nous sommes ensuite rendus) ... Par la suite, nous nous sommes préparés ... Après cela, nous avons passé une heure ...
3. Dans ce cas, je vous conseille d'abord de faire ..., puis de monter à la cathédrale ... Vous pourriez ensuite visiter ... Après quoi vous descendriez ... Vous pourriez, pour terminer, passer ...

33 On pourrait regrouper les adverbes-charnières ainsi:
1. commencer par – ensuite – continuer en + gérondif – finalement
2. d'abord – puis – après – enfin

Zu 1)
Nous avons commencé par suivre une route ... Ensuite nous avons tourné ... Nous avons continué en prenant un chemin ... Finalement vers 13 h ...

Zu 2)
Nous avons d'abord suivi ... Puis nous avons tourné ... Après, nous avons pris ... ... Enfin, vers 13 h, nous ... (Oder: Vers 13 h, enfin, nous ...)

On pourrait regrouper les adverbes-charnières ainsi: **34**
1. premièrement (1°) – deuxièmement (2°) – troisièmement (3°) – quatrièmement (4°)
2. pour commencer – à cela s'ajoute que – ceci dit – Je pourrais ajouter en terminant (pour terminer) que
3. d'abord – ensuite – en plus – enfin
4. tout d'abord – et puis – de plus – en outre

Zu 1)
1°. Je dois noter que ... 2°. Je ne sais pas bien ... 3°. Faire des études ne signifie plus ... 4°. J'aimerais bien ...

Zu 2)
Pour commencer, je dois noter que ... A cela s'ajoute que je ne sais pas bien ... Ceci dit, faire des études ne signifie pas ... Je pourrais ajouter en terminant (pour terminer) que j'aimerais bien ...

Zu 3)
Je dois d'abord noter que ... Ensuite, je ne sais pas bien ... En plus, faire des études ne signifie pas ... J'aimerais enfin bien ...

Zu 4)
Je dois tout d'abord noter que ... Et puis, je ne sais pas bien ... De plus, faire des études ne signifie pas ... En outre, j'aimerais bien ...

1. par contre   2. en réalité (cependant)   3. donc   4. par contre   5. en effet   6. en **35**
réalité   7. par contre   8. de toutes manières (en effet)   9. par contre (cependant)
10. en réalité (cependant)

1. donc   2. pourtant   3. par contre   4. pourtant   5. de toutes manières (en effet) **36**
6. pourtant   7. en effet   8. pourtant   9. par contre   10. donc

1. cependant   2. par conséquent   3. cependant   4. en effet   5. de toutes manières **37**
(en effet)   6. cependant   7. en effet   8. cependant   9. par conséquent   10. de toutes manières (en effet)

1. certes ... mais   2. en réalité   3. de toutes manières   4. en effet   5. certes ... mais **38**
6. en réalité   7. donc   8. certes ... mais   9. en réalité   10. donc

1. en effet   2. pourtant, néanmoins, cependant   3. donc, par conséquent   4. pourtant, **39**
néanmoins, cependant   5. en effet   6. pourtant, néanmoins, cependant   7. donc, par conséquent   8. donc, par conséquent   9. pourtant, néanmoins, cependant   10. donc
11. en effet   12. donc, par conséquent   13. pourtant, néanmoins, cependant
14. pourtant, néanmoins, cependant   15. en effet

1. Cette politique a un caractère très social et favorise donc (par conséquent) les ... **40**
2. Tu te sens sûr ..., tu devrais pourtant (néanmoins, cependant, certes ... mais) agir avec ...
3. Elle a de la fièvre et doit donc (par conséquent) garder ...
4. Les caisses sont vides, donc (par conséquent) les revendications ...
5. Il continue ... et pourtant (cependant, néanmoins, certes ... mais) il sait qu'il ...
6. Nous sommes persuadés de la justesse de ce projet, nous ferons donc (par conséquent, de toutes manières, de toute façon) tout ce que ...

7. Elle a subi plusieurs ..., elle n'a pourtant (néanmoins, cependant, certes ... mais) jamais ...
8. Il m'a promis de venir, donc (par conséquent) il viendra.
9. Je ne suis pas d'accord ..., je ne donnerai donc (par conséquent) pas ma voix ...
10. Tu n'as pas réussi ..., tu ne peux donc (par conséquent) pas entrer ...
11. Je reconnais ..., je préfère cependant (néanmoins, certes ... mais, pourtant) ...
12. Je n'ai pas eu ..., je n'ai donc (par conséquent) pas d'excuses ...
13. Les membres du comité considèrent ce projet de voie rapide comme nuisible, ils feront donc (par conséquent, de toutes manières, de toute façon) tout ...
14. On peut être résolu et néanmoins (pourtant) patient.
15. Nous avons atteint ..., nous pouvons donc (par conséquent) être ...
16. Le chef a donné ..., nous pouvons donc (par conséquent) commencer ...
17. Je suis fatigué, je vais pourtant (néanmoins, certes ... mais, cependant) poursuivre ...
18. Je ne veux pas ..., je te demande donc (par conséquent) de te ...
19. Il a décidé ..., et pourtant (cependant, néanmoins, certes ... mais) il connaît (connaissait) ...
20. Il possède un alibi ..., il n'est donc (par conséquent) certainement ...

41
1. Il arrive que je regarde les (émissions de) jeux à la télévision. (Il m'arrive de regarder ...)
2. Est-ce que tu aimes la pizza? (Est-ce que tu aimes manger de la pizza?)
3. Il préfère le vin rouge au vin blanc. (Il aime mieux le vin rouge que le vin blanc.)
4. Si tu pars maintenant, tu risques d'être pris dans un embouteillage.
5. Je viens d'écouter la météo à la radio.
6. J'espère que vous avez bien compris ce que je voulais dire.
7. Je n'ai pas tardé à m'apercevoir de mon erreur.
8. Elle continue à souffrir de maux de tête.
9. J'espère que vous n'avez pas pris cette remarque pour vous.
10. Il semble que les membres de la commission n'aient toujours pas réussi à se mettre d'accord.
11. Il aime parler (de) politique.
12. Il m'arrive de douter de la sincérité de ses propos.
13. J'espère que tu ne m'en veux pas.
14. Tu risques d'avoir un jour des ennuis si tu continues à te comporter de la sorte.
15. Je préfère (J'aime mieux) aller au cinéma qu'au théâtre. (Je préfère le cinéma au théâtre.)

42
1. Le courrier vient d'arriver.
2. J'espère que tu seras bientôt prêt.
3. Il n'a pas tardé à accepter notre offre.
4. Ce soir, j'aimerais bien rester à la maison.
5. Est-ce que tu continues à penser que le chauffage au fuel est moins cher que le chauffage électrique?
6. J'espère que je ne l'ai pas vexé.
7. J'aimerais bien poursuivre cette conversation avec vous.
8. Elle semble être très susceptible.
9. Il m'arrive de penser que nous aurions dû vendre la maison.
10. Si tu ne notes pas cette adresse, tu risques de l'oublier.

1. Il est vraisemblable que nous n'en resterons pas là. **43**
2. Je préfère (J'aime mieux) vous dire tout de suite ma façon de penser.
3. Je viens de terminer mon travail et je peux maintenant t'aider.
4. Nous espérons vous revoir bientôt.
5. Il arrive qu'il neige dans notre région dès le mois de novembre.
6. La police n'a pas tardé à l'arrêter.
7. S'il continue à faire beau, les vendanges pourront débuter dans une semaine.
8. Il semble que l'expérience ait été concluante. (L'expérience semble avoir été concluante.)
9. Je préférerais ne pas lui dire la vérité.
10. J'espère que la pluie va bientôt s'arrêter.

1. mis longtemps   2. commencé hier (Hier, les)   3. reparlerons demain (Demain, nous)   **44**
4. amis autrefois (Autrefois, ils)   5. Demain, je   6. repensait parfois (Parfois, elle)
7. pas souvent   8. trouve toujours   9. Hier, nous   10. pourrait de temps en temps (De temps en temps, il)   11. se produit rarement   12. interrompit brusquement (Brusquement, il)   13. se trouva tout d'un coup (Tout d'un coup, il)   14. Il y a déjà   15. Hier, le musée (fermé hier)   16. question dès hier (Dès hier, tu)   17. dura longtemps
18. Autrefois, les gens (vivaient autrefois)   19. Pour l'instant, nous (pas pour l'instant)
20. A l'époque, nous (réussi à l'époque)

1. vus depuis longtemps   2. Désormais, tu (attention désormais)   3. achevés dans un   **45**
délai de 15 jours (Dans un délai de 15 jours, les)   4. sommes depuis peu (Depuis peu, nous)   5. verrai prochainement   6. Cette année, il (Jeux Olympiques cette année)
7. En ce moment, nous (peu en ce moment)   8. pays dans les 24 heures   9. sociales aujourd'hui (Aujourd'hui, les)   10. A partir de ce moment-là, tout (travers à partir de ce moment-là)   11. Ces derniers temps, j'ai (toi ces derniers temps)   12. passera prochainement   13. paquet d'un jour à l'autre   14. En ce moment, les (marché en ce moment)   15. l'excursion à plus tard   16. rencontré il y a un instant   17. reviendrons plus tard   18. parlons souvent   19. En période de crise, chacun (effort en période de crise)   20. occuperai dès cet après-midi (Dès cet après-midi, je)   21. A cet instant précis, j'ai   22. souhaitions depuis longtemps (Depuis longtemps, nous)

1. rester dehors   2. Ici, il (fumer ici)   3. Plus haut, il (neige plus haut)   4. plu là-bas   **46**
5. Nulle part, il (sentait nulle part)   6. bruit à côté   7. vivre là-bas   8. Au loin, on (Pyrénées au loin)   9. Là, vous (travailler là)   10. personne quelque part   11. Ici, on (chèques ici)   12. plus bas, tu (ferrée plus bas)   13. nuit ici   14. Nulle part, elle (trouvé nulle part)   15. piles n'importe où   16. chance ailleurs   17. Là-haut, il (temps là-haut)   18. intéressé de près   19. cherchais partout   20. rendus là-bas

1. bien aimé   2. gagné facilement (a facilement gagné)   3. a seulement dit   4. refusé   **47**
net   5. ai simplement voulu   6. a très vite compris   7. vacances séparément   8. travaillé dur   9. été grièvement blessé   10. ai mal compris   11. pas tellement augmenté
12. accueillie froidement (froidement accueillie)   13. a peu parlé (parlé peu)   14. ont légèrement augmenté   15. visé juste   16. avons suffisamment discuté   17. as tellement apprécié   18. vu par hasard   19. exprimé simplement   20. soupé légèrement

1. avons rarement vu   2. a bien agi   3. accepté volontiers (ai volontiers accepté)   4. agi   **48**
prudemment   5. a gentiment proposé   6. a fermement combattu (combattu fermement)
7. a longtemps sous-estimé (Longtemps, on a sous-estimé)   8. seront bientôt épuisées

11

9. s'est très souvent produit (produit très souvent)   10. n'a pas toujours marché
11. sommes tout de suite tombés (tombés tout de suite)   12. avait tout à coup changé
13. êtes cordialement invités   14. avons rarement autant ri   15. As-tu déjà terminé?
16. est actuellement fermé (fermé actuellement)   17. question différemment (formulé différemment)   18. avons bien dormi   19. aidé volontiers (ai volontiers aidé)

49 1. a) Vraisemblablement, le gouvernement ne nationalisera qu'un ...
        b) ... ne nationalisera vraisemblablement qu'un ...
   2. a) Peut-être reviendra-t-il ...
        b) Il reviendra peut-être ...
   3. a) Certainement que la grand-mère n'a pas ...
        b) La grand-mère n'a certainement pas ...
   4. a) Par chance, l'avion s'est posé ...
        b) L'avion s'est, par chance, posé ...
   5. a) Heureusement, l'inflammation se révéla ...
        b) L'inflammation se révéla heureusement ...
   6. a) Evidemment, il n'avait pas ...
        b) Il n'avait évidemment pas ...
   7. a) Visiblement, ses activités professionnelles ne lui apportent plus de satisfaction.
        b) Ses activités professionnelles ne lui apportent visiblement plus de satisfaction.
   8. a) Probablement, le moteur avait trop chauffé ...
        b) Le moteur avait probablement trop chauffé ...
   9. a) Sûrement qu'elle n'avait pas lu ...
        b) Elle n'avait sûrement pas lu ...
  10. a) Naturellement, nous vous rembourserons vos frais.
        b) Nous vous rembourserons, naturellement, vos frais.
  11. a) Bien entendu, ce garçon entrera en apprentissage.
        b) Ce garçon entrera, bien entendu, en apprentissage.
  12. a) Bien sûr, je peux te prêter de l'argent ...
        b) Je peux, bien sûr, te prêter de l'argent ...

50 1. a) Normalement, on ne peut plus se baigner en cette saison.
        b) On ne peut normalement plus se baigner à cette saison.
   2. a) Incontestablement, la Croix Rouge est une institution humanitaire.
        b) La Croix Rouge est incontestablement une institution humanitaire.
   3. a) Curieusement, elle n'a jamais parlé de cet incident.
        b) Elle n'a curieusement jamais parlé de cet incident.
   4. a) Peut-être est-il d'un avis différent du tien.
        b) Il est peut-être d'un avis différent du tien.
   5. a) Sans doute s'est-elle donné beaucoup de mal ...
        b) Elle s'est sans doute donné beaucoup de mal ...
   6. a) Malheureusement, il n'a pas suivi mon conseil.
        b) Il n'a malheureusement pas suivi mon conseil.
   7. a) Apparemment, l'avertissement lui a servi.
        b) L'avertissement lui a apparemment servi.
   8. a) Eventuellement, je pourrais passer ...
        b) Je pourrais éventuellement passer ...
   9. a) Peut-être devrions-nous abandonner ce projet ...
        b) Nous devrions peut-être abandonner ce projet ...
  10. a) Certes, vous avez le droit de ...

b) Vous avez certes le droit de ...
11. a) Sûrement que (*fam.*) la lettre arrivera demain.
   b) La lettre arrivera sûrement demain.
12. a) Indubitablement, Didier Six était le meilleur ce jour-là.
   b) Didier Six était indubitablement le meilleur ce jour-là.
13. a) Sans aucun doute la situation est-elle compromise.
   b) La situation est sans aucun doute compromise.
14. a) Incidemment, les chercheurs découvrirent au cours de leurs examens l'existence d'un virus inconnu jusqu'ici.
   b) Les chercheurs découvrirent incidemment, au cours de leurs examens, l'existence d'un virus inconnu jusqu'ici.

51 1. vont régulièrement   2. pas sérieusement, classeras certainement   3. Heureusement, il a (a heureusement bien)   4. comprends difficilement   5. traitée séparément   6. n'avons malheureusement (Malheureusement, nous)   7. travail correctement (a correctement)   8. lu attentivement   9. Visiblement, il (réagit, visiblement, de)   10. recopié minutieusement (a minutieusement)   11. n'a probablement pas lu attentivement (Probablement, il n'a pas lu attentivement)   12. quittés précipitamment   13. joué gentiment   14. honorera naturellement (Naturellement, le nouveau)   15. progressait lentement   16. parlaient doucement   17. commettra certainement (Certainement qu'il *fam.*)   18. se sont rudement (affrontées rudement)   19. joueront probablement (Probablement, les)   20. suit normalement

52 1. serait certainement (Certainement qu'il *fam.*)   2. se modifiera vraisemblablement (Vraisemblablement, le)   3. adressée personnellement (personnellement adressée)   4. se retireront vraisemblablement (Vraisemblablement, les)   5. Il y a normalement (Normalement, il)   6. as franchement (Franchement, tu as)   7. amené tout naturellement (= Adverb der Art und Weise) (Tout naturellement (= Modaladverb), ses)   8. tort manifestement (Manifestement, il)   9. toujours franchement   10. avais effectivement (Effectivement, je)   11. se heurtèrent violemment   12. se battirent énergiquement   13. se transformait progressivement (Progressivement (= satzabhängiges Zeitadverb), l'enfant)   14. découvrirent incidemment

53 1. Sans doute n'a-t-il pas vu ...   2. Peut-être avais-tu ..., du moins aurais-tu pu ...   3. Aujourd'hui, je ne me sens pas bien ...   4. Ainsi dut-il ...   5. Personnellement, je suis prêt ...   6. ... encore faut-il ...   7. Par chance, il n'y avait personne ...   8. En vain en appelleront-ils ...   9. Peut-être ses soupçons ne sont-ils pas fondés.   10. ... aussi devrais-tu ...

54 1. Vraisemblablement, il n'a pas tort.   2. Ainsi avons-nous ...   3. ... du moins était-ce ...   4. Peut-être aurions-nous dû ...   5. ... aussi ne devriez-vous pas ...   6. ... par conséquent nous devrons ...   7. ... encore ne faut-il rien ...   8. ... pourtant notre monnaie a dû ...   9. En vain avait-il tenté ...   10. Actuellement, je suis ...

55 1. A peine les éclairs et le tonnerre avaient-ils cessé ...   2. Sans doute ce roman est-il ...; toujours est-il qu'...   3. ... encore ne peut-on pas ...   4. Ainsi peut-on ...   5. ... toujours est-il qu'il ...   6. Certes, je ne vous demande pas ...   7. A peine les socialistes étaient-ils parvenus ...   8. En effet, nous avons été invités ...   9. aussi préféra-t-il ...   10. ... toujours est-il que ...   11. A peine avait-il raccroché ...

56 1. Je me doutais qu'il viendrait.
2. Ces gens ne sont pas prêts à s'engager pour la paix. – Si, croyez-moi, ils le sont.

3. Nous trouvons naturel de l'aider.
4. Il n'aime pas qu'on le contredise.
5. La situation est plus grave que nous ne (le) supposions.
6. Indifférente? Elle ne l'est certainement pas.
7. Nous avons refusé d'accepter ces conditions.
8. Il est plus compromis dans cette affaire qu'il ne veut bien (l')admettre.
9. Ils ont regretté de ne pas pouvoir assister au feu d'artifice du 14 juillet.
10. Sais-tu quand a paru son premier roman? — Non, je l'ignore. (Non, je ne le sais pas.)
11. On a évité de parler du passé.
12. Il avait prévu que l'équipe gagnerait par 3 à 2.
13. Il a mieux réussi que nous ne le pensions.
14. Nous ne pouvons pas croire que l'année soit déjà terminée.
15. Il est plus âgé qu'il ne (le) paraît.

57
1. a) Oui, je l'y ai conduite.
   b) Non, je ne l'y ai pas conduite.
2. a) Oui, ils l'y ont rencontré.
   b) Non, ils ne l'y ont pas rencontré.
3. a) Oui, je les y ai emmenés.
   b) Non, je ne les y ai pas emmenés.
4. a) Oui, nous les y avons envoyés seuls.
   b) Non, nous ne les y avons pas envoyés seuls.
5. a) Oui, elle les y a déposés.
   b) Non, elle ne les y a pas déposés.
6. a) Oui, je l'y ai menée.
   b) Non, je ne l'y ai pas menée.
7. a) Oui, nos amis nous y ont reconduits.
   b) Non, nos amis ne nous y ont pas reconduits.
8. a) Oui, il nous y a raccompagnés.
   b) Non, il ne nous y a pas raccompagnés.
9. a) Oui, Michel m'y a ramené.
   b) Non, Michel ne m'y a pas ramené.
10. a) Oui, nous les y avons portés.
    b) Non, nous ne les y avons pas portés.

58
1. Oui, nous vous y emmènerons.
2. Oui, elle m'y accompagnera.
3. Oui, nous vous y rejoindrons.
4. Oui, nous l'y mettrons.
5. Oui, je les y enverrai.
6. Oui, nous t'y conduirons.
7. Oui, nous vous y déposerons.
8. Oui, je les y ramènerai.
9. Oui, il l'y guidera.
10. Oui, ils les y retrouveront.

59
1. a) Oui, nous en avons convenu.
   b) Non, nous n'en avons pas convenu.
2. a) Oui, je m'en passerai.
   b) Non, je ne m'en passerai pas.

3. a) Oui, je m'en suis remis.
   b) Non, je ne m'en suis pas remis.
4. a) Oui, elle s'en occupe.
   b) Non, elle ne s'en occupe pas.
5. a) Oui, j'en ai bénéficié.
   b) Non, je n'en ai pas bénéficié.
6. a) Oui, elle s'en est bien tirée.
   b) Non, elle ne s'en est pas bien tirée.
7. a) Oui, elle s'en est remise.
   b) Non, elle ne s'en est pas remise.
8. a) Oui, il en a profité.
   b) Non, il n'en a pas profité.
9. a) Oui, je lui en ai parlé.
   b) Non, je ne lui en ai pas parlé.
10. a) Oui, elle leur en a parlé.
    b) Non, elle ne leur en a pas parlé.

60
1. a) T'en ont-ils également envoyé une?
   b) Oui, ils m'en ont également envoyé une.
2. a) Vous en a-t-elle également rapporté un?
   b) Oui, elle nous en a également rapporté un.
3. a) Vous en a-t-il également offert une?
   b) Oui, il nous en a également offert une.
4. a) T'en a-t-il également vendu un?
   b) Oui, il m'en a également vendu un.
5. a) T'en a-t-elle également emprunté un?
   b) Oui, elle m'en a également emprunté un.
6. a) T'en a-t-elle également montré un?
   b) Oui, elle m'en a également montré un.
7. a) T'en a-t-il également fixé un?
   b) Oui, il m'en a également fixé un.
8. a) Vous en a-t-il également appris un?
   b) Oui, il nous en a également appris un.
9. a) T'en a-t-il également prêté un?
   b) Oui, il m'en a également prêté un.
10. a) Vous en a-t-elle également donné une?
    b) Oui, elle nous en a également donné une.

61
1. Je n'ai plus d'argent. Peux-tu m'en prêter (un peu)?
2. As-tu des crayons de couleur? J'en aurais besoin pour finir mon dessin.
3. Voulez-vous encore de la viande et des légumes? – Oui, j'en reprendrais volontiers (un peu).
4. Si ces posters te plaisent, tu peux t'en choisir un.
5. Il reste encore des fraises. En veux-tu (quelques-unes)?
6. Il ne manque pas d'imagination. Au contraire, il en a presque trop.
7. De l'humour? Elle n'en a absolument pas.
8. Combien de billets de loterie prenez-vous? – J'en prends trois.
9. Voilà la boîte d'agrafes. Combien en veux-tu? – J'en ai besoin de deux.
10. Je n'en sais rien.

11. Les films policiers ne m'intéressent plus. J'en ai trop vu.
12. Les cerises sont mûres. Pourrais-tu m'en cueillir une corbeille?
13. As-tu pensé à passer à la teinturerie? – Oui, j'y ai pensé.
14. Es-tu arrivé à le convaincre? – Oui, j'y suis arrivé.
(Es-tu parvenu à le convaincre? – Oui, j'y suis parvenu.
As-tu réussi à le convaincre? – Oui, j'y ai réussi.)
15. Voilà ce que je propose. Qu'en penses-tu? – Il faut que j'y réfléchisse.

62 1. Est-ce que tu t'en souviens encore?
2. Ne t'en mêle pas!
3. J'y tiens beaucoup.
4. Je m'en occuperai à mon retour.
5. C'est une occasion unique. Profites-en!
6. Il ne peut plus s'en passer. (Il ne peut plus y renoncer.)
7. Je ne peux pas en disposer.
8. Nous en avons très vite convenu.
9. J'en ai absolument besoin.
10. Il ne s'en est pas encore remis.
11. Nous ne nous en étions pas souciés.
12. On n'en parle plus.
13. Tu peux me raconter ce que tu veux, je n'en crois pas un mot.
14. A-t-il réussi son examen? – Je n'en ai aucune idée.

63 a) 1. ... personne n'en regretta la suppression.
2. ... parce qu'il en connaissait l'inefficacité.
3. ... mais n'en firent pas mention.
4. ... nous devons bien en connaître les conséquences possibles.
5. ... les médecins en ignorent cependant l'origine.
6. ... mais pour l'instant je n'en retrouve pas le nom.
7. ... et en admirions la beauté.
8. ... car ils en connaissent trop peu les effets secondaires.
9. ... mais je n'en connais pas la recette.
10. ... tant qu'ils ne peuvent en estimer la portée.
11. ... parce qu'ils ne pouvaient plus en assumer l'entretien.
12. ... parce que nous en connaissions bien les effets.
13. ... bien qu'ils n'aient pu en déterminer l'origine.
14. ... bien que le vendeur n'ait pu lui en assurer l'authenticité.
15. ... parce que nous en apprécions le calme.

b) 1. Dieses Gesetz war ungerecht; niemand bedauerte deshalb seine Abschaffung.
2. Er war gegen diese Sanktionen, weil er von ihrer Unwirksamkeit überzeugt war.
3. Einige waren anderer Meinung, brachten dies aber nicht zum Ausdruck.
4. Bevor wir diese Entscheidung fällen, müssen wir uns über die möglichen Folgen klarwerden.
5. Die Krankheit ist bekannt, die Ärzte kennen jedoch ihre Ursache nicht.
6. Ich weiß, welchen Ort du meinst, aber im Augenblick fällt mir der Name nicht ein.
7. Wir standen vor dem Kunstwerk und bewunderten seine Schönheit.
8. Die Ärzte zögern, dieses Medikament zu verschreiben, denn sie kennen seine Nebenwirkungen noch zu wenig.
9. Ich würde dieses Gericht gerne zubereiten, aber ich kenne das Rezept dafür nicht.

10. Die Wissenschaftler sollten gewisse Experimente aufgeben, solange sie deren Folgen nicht abschätzen können.
11. Sie verkauften das Haus, weil sie die Unterhaltskosten nicht mehr aufbringen konnten.
12. Wir haben dieses Mittel verwendet, weil wir seine Wirkung gut kannten.
13. Die Experten hielten dieses Bild für ein Meisterwerk, obgleich sie seine Herkunft nicht bestimmen konnten.
14. Er kaufte den Louis XV-Stuhl, obwohl der Verkäufer für die Echtheit nicht garantieren konnte.
15. Wir wählten diesen Urlaubsort, weil wir die Ruhe dort schätzten.

1. y, en   2. en   3. y, en   4. en   5. y   6. en   7. y   8. y   9. en   10. y   11. en   **64**
12. y   13. en   14. y   15. en   16. y   17. en   18. en   19. en   20. en

1. a) Oui, je le lui donnerai.   **65**
   b) Oui, je le lui ai donné.
2. a) Oui, nous les lui demanderons.
   b) Oui, nous les lui avons demandés.
3. a) Oui, elle le lui offrira.
   b) Oui, elle le lui a offert.
4. a) Oui, nous la lui communiquerons.
   b) Oui, nous la lui avons communiquée.
5. a) Oui, je la leur montrerai.
   b) Oui, je la leur ai montrée.
6. a) Oui, je le leur raconterai.
   b) Oui, je le leur ai raconté.
7. a) Oui, je les leur réserverai.
   b) Oui, je les leur ai réservées.
8. a) Oui, ils me la laisseront.
   b) Oui, ils me l'ont laissée.
9. a) Oui, elle nous l'accordera.
   b) Oui, elle nous l'a accordé.
10. a) Oui, nous la lui adresserons.
    b) Oui, nous la lui avons adressée.

1. a) Vous l'a-t-elle aussi refusée?   **66**
   b) Oui, elle nous l'a aussi refusée.
   c) Non, elle ne nous l'a pas refusée.
2. a) Te l'a-t-il aussi offerte?
   b) Oui, il me l'a aussi offerte.
   c) Non, il ne me l'a pas offerte.
3. a) Vous les a-t-il aussi fournis gratuitement?
   b) Oui, il nous les a aussi fournis gratuitement.
   c) Non, il ne nous les a pas fournis gratuitement.
4. a) Te l'a-t-il aussi promise?
   b) Oui, il me l'a aussi promise.
   c) Non, il ne me l'a pas promise.
5. a) Vous l'a-t-elle aussi accordé?
   b) Oui, elle nous l'a aussi accordé.
   c) Non, elle ne nous l'a pas accordé.

6. a) Vous l'a-t-il aussi annoncée?
   b) Oui, il nous l'a aussi annoncée.
   c) Non, il ne nous l'a pas annoncée.
7. a) Te les a-t-elle aussi expliqués?
   b) Oui, elle me les a aussi expliqués.
   c) Non, elle ne me les a pas expliqués.
8. a) Vous l'a-t-elle aussi dite?
   b) Oui, elle nous l'a aussi dite.
   c) Non, elle ne nous l'a pas dite.
9. a) Vous l'a-t-il aussi proposé?
   b) Oui, il nous l'a aussi proposé.
   c) Non, il ne nous l'a pas proposé.
10. a) Vous l'a-t-il aussi indiquée?
    b) Oui, il nous l'a aussi indiquée.
    c) Non, il ne nous l'a pas indiquée.

67 1. Vous êtes-vous adressé à elle ou à lui?
2. Pourquoi ne veux-tu pas te confier à moi?
3. Je ne sais pas si je peux me fier à vous.
4. Il n'arrivait pas à s'habituer à nous.
5. Elle ne s'intéresse pas à lui.
6. Il nous a présentés à eux.
7. Pourriez-vous me recommander à lui?
8. Je me méfie d'eux.
9. De quel droit vous êtes-vous substitué à lui?

68 1. Tu iras, s'il te plaît, les chercher à l'école.
2. Nous passerons les voir dans la soirée.
3. J'aimerais les inviter à dîner la semaine prochaine.
4. Il le laisse dériver.
5. Nous ne pouvons pas le prolonger.
6. Pourrais-tu le lui emprunter?
7. Elle l'a fait réparer.
8. Cet hôtel ne peut pas les héberger tous.
9. Vous devrez le poster avant 18 h.
10. François lui a appris à jouer au ping-pong.

69 1. Il les leur fait entendre.
2. La police leur interdit de s'en approcher.
3. La télévision l'a envoyé s'informer sur place.
4. Le mauvais temps les a empêchés de mûrir.
5. Qu'est-ce que tu lui as encore fait croire?
6. Les mauvaises conditions de travail les ont amenés à protester.
7. Le Président de l'Assemblée l'a autorisé à intervenir.
8. De chez nous, on les entend passer sur l'autoroute.
9. Nous les avons regardés les nourrir.
10. Le ministre la leur a tout de suite fait connaître.

70 1. Lui seul a trouvé la solution. (Il n'y a que lui qui ait trouvé ...)
2. Qui (Lequel) d'entre vous a vu l'accident?

3. Lui non plus n'était pas arrivé à l'heure.
4. Moi, je ne participerai en aucun cas à cette entreprise.
5. Eux non plus ne voulaient pas être mêlés à cette affaire.
6. Cela, je ne le dois qu'à toi. – A moi? Mais tu te trompes; moi, je n'y suis pour rien.
7. Lui ne s'intéresse pas au tennis; mais nous, nous regarderons sûrement le match dimanche. (... mais nous, on regardera ...)
8. Qui d'entre eux pensez-vous capable d'accomplir cette tâche?
9. Qui a déjà vu ce film? – Moi.
10. Nous, vous ne pouvez rien nous reprocher. Nous, nous avons voté pour le projet. (Nous, on a voté ...)

71
1. Si le projet n'a pas vu le jour, c'est à cause d'eux, car eux ont voté contre.
2. Donnez-moi ce livre; il est à moi.
3. Je crois que c'est une amie à elle.
4. Connaissez-vous Alain? C'est un ami à moi.
5. C'est à eux que vous devez vous adresser, pas à nous. C'est eux qui s'occupent de votre dossier, pas nous.
6. C'est à lui que je l'ai rappelé, pas à elle.
7. Nous, on ne nous a pas demandé notre avis.
8. Moi, tu ne m'en imposes pas.
9. Nous, nous faisons volontiers du sport. (Nous, on fait ...)
10. Toi, tu n'as pas la conscience tranquille.

72 1. celui 2. celle 3. ceux, celle 4. celle 5. celui 6. celui 7. celles 8. celui
9. celle 10. celui

73 1. celui 2. celui 3. celle 4. celui 5. ceux 6. celle 7. ceux 8. celle 9. celle
10. celui

74
1. Sa conception de la vie est bien différente de celle de la plupart des personnes que je connais.
2. Les intérêts de la France et ceux de l'Angleterre n'ont pas toujours été les mêmes au cours de l'histoire.
3. Il est parfois difficile de concilier les obligations familiales avec celles de sa profession.
4. Il se sent tiraillé entre l'offre d'une firme étrangère et celle de son patron actuel.
5. Notre maison est bien modeste, comparée à celle de nos voisins.
6. Ces comprimés sont plus efficaces que ceux que le médecin m'a prescrits la dernière fois.
7. Les chiffres publiés par cet institut de sondage ne concordent pas avec ceux du gouvernement.
8. Il existe une forte concurrence entre l'industrie automobile européenne et celle du Japon.
9. Il cherche son épanouissement dans un autre domaine que celui de sa profession.
10. Cette robe me plaît davantage que celle que tu portais la dernière fois.
11. Les coutumes orientales sont différentes de celles de l'Europe.
12. Ceux qui sont d'accord, lèvent la main.
13. Je préférerais ce disque-ci à celui-là.
14. Ces deux appartements sont identiques sauf sur un point: celui-ci a une terrasse, celui-là n'en a pas.

75 1. Qui ose prétendre cela?
   Qui est-ce qui ose prétendre cela?
  2. –
   Qu'est-ce qui est prioritaire?
  3. –
   Qu'est-ce qui a provoqué cette crise?
  4. De quoi te mêles-tu?
   De quoi est-ce que tu te mêles?
  5. Qu'y a-t-il là de particulier?
   Qu'est-ce qu'il y a là de particulier?
  6. Qui cela concerne-t-il?
   Qui est-ce que cela concerne?
  7. Qui veut bien m'aider?
   Qui est-ce qui veut bien m'aider?
  8. –
   Qu'est-ce qui t'amuse?
  9. Que peut-on attendre de lui?
   Qu'est-ce qu'on peut attendre de lui?
  10. Qui a téléphoné?
   Qui est-ce qui a téléphoné?

76 1. a) A qui appartient ce foulard?
   b) A qui est-ce que ce foulard appartient?
  2. a) Qu'est-il devenu?
   b) Qu'est-ce qu'il est devenu?
  3. a) Avec qui es-tu encore en relation?
   b) Avec qui est-ce que tu es encore en relation?
  4. a) Qui est responsable de cela?
   b) Qui est-ce qui est responsable de cela?
  5. a) Que veut-elle?
   b) Qu'est-ce qu'elle veut?
  6. a) De quoi cela dépend-il?
   b) De quoi est-ce que cela dépend?
  7. a) Que peut-on faire?
   b) Qu'est-ce qu'on peut faire?
  8. a) Qu'est-il arrivé?
   b) Qu'est-ce qui est arrivé? (Qu'est-ce qu'il est arrivé?)
  9. a) Qui t'aidera à faire ce travail?
   b) Qui est-ce qui t'aidera à faire ce travail?
  10. a) Que prendras-tu?
   b) Qu'est-ce que tu prendras?

77 1. a) A quoi réfléchis-tu?
   b) A quoi est-ce que tu réfléchis?
  2. a) Avec qui a-t-elle rendez-vous?
   b) Avec qui est-ce qu'elle a rendez-vous?
  3. a) Qui pouvons-nous croire?
   b) Qui est-ce que nous pouvons croire?
  4. a) Par qui a-t-elle appris la nouvelle?
   b) Par qui est-ce qu'elle a appris la nouvelle?

5. a) A qui as-tu posé la question?
   b) A qui est-ce que tu as posé la question?
6. a) —
   b) Qu'est-ce qui ne va pas?
7. a) De qui tiens-tu ce renseignement?
   b) De qui est-ce que tu tiens ce renseignement?
8. a) Que feras-tu dans ce cas?
   b) Qu'est-ce que tu feras dans ce cas?
9. a) De quoi s'agit-il?
   b) De quoi est-ce qu'il s'agit?
10. a) Que penses-tu faire?
    b) Qu'est-ce que tu penses faire?

78

1. a) Que pouvons-nous faire pour vous?
   b) Qu'est-ce que nous pouvons faire pour vous?
2. a) A qui t'es-tu adressé?
   b) A qui est-ce que tu t'es adressé?
3. a) Qu'en attends-tu?
   b) Qu'est-ce que tu en attends?
4. a) Avec quoi laves-tu ton chemisier en soie?
   b) Avec quoi est-ce que tu laves ton chemisier en soie?
5. a) De qui est cette citation?
   b) (De qui est-ce que cette citation est?)
6. a) Que me souhaites-tu?
   b) Qu'est-ce que tu me souhaites?
7. a) A qui dois-tu encore de l'argent?
   b) A qui est-ce que tu dois encore de l'argent?
8. a) A quoi rêve-t-elle?
   b) A quoi est-ce qu'elle rêve?
9. a) Que lui répondras-tu?
   b) Qu'est-ce que tu lui répondras?
10. a) Qui as-tu salué?
    b) Qui est-ce que tu as salué?
11. a) A qui dois-je remettre les clefs?
    b) A qui est-ce que je dois remettre les clefs?
12. a) Que s'est-il passé?
    b) Qu'est-ce qui s'est passé?
13. a) Qui a eu cette idée?
    b) Qui est-ce qui a eu cette idée?
14. a) Qui devons-nous inviter?
    b) Qui est-ce que nous devons inviter?
15. a) Qu'y a-t-il de nouveau chez vous?
    b) Qu'est-ce qu'il y a de nouveau chez vous?

79

1. Je me demande avec quoi (comment) il va payer ses dettes.
2. J'aimerais savoir ce que tu fais.
3. La question se pose de savoir qui nous envoyons là-bas.
4. Elle demande ce qui est arrivé.
5. Il voudrait savoir qui participera à la sortie.
6. Nous nous demandons ce qu'il va devenir.

7. Il s'agit (La question se pose) de savoir à quoi cela peut (bien) servir.
8. Je ne comprends pas ce que vous voulez dire par là.
9. J'aimerais bien savoir ce qu'il cherche ici.
10. Je me demande de quoi il compte vivre plus tard.

80 1. que   2. avec laquelle   3. dont   4. sur lesquels   5. à qui (auquel)   6. dont   7. qui   8. pour lequel   9. dont   10. que   11. parmi lesquels   12. dont   13. sur lesquelles   14. en qui   15. avec lesquelles (avec qui)   16. dont   17. que, qui (lequel)   18. auxquels

81 1. dont   2. auxquels   3. sur lesquelles   4. dont   5. auxquels   6. auquel   7. dont   8. que   9. parmi lesquels   10. où (que)   11. qui   12. que   13. dont   14. parmi lesquels (dont)   15. dont   16. où   17. dont   18. dont

82 1. à laquelle   2. dont   3. dans laquelle (où)   4. à qui (à laquelle, que)   5. dont   6. auxquels   7. dans lequel (où)   8. parmi lesquels   9. à qui (auquel)   10. à laquelle   11. auxquelles   12. où (dans lequel)   13. sur laquelle   14. sous (sur) lequel   15. dont   16. avec laquelle (avec qui)

83 1. ce que   2. ce à quoi   3. ce sur quoi   4. ce que   5. en quoi (ce en quoi)   6. ce dont (ce pour quoi)   7. après quoi   8. ce dont   9. ce qui   10. ce pour quoi   11. ce qui   12. ce qui   13. ce qu'   14. ce dont   15. de quoi (ce dont)

84 1. ce dont   2. ce qui   3. ce que   4. ce que   5. ce qui   6. ce dont   7. ce qu'   8. ce à quoi   9. ce qu'   10. ce à quoi   11. ce qui   12. ce que

85 1. Il y eut une conversation au cours de laquelle s'exprimèrent des points de vue tout à fait opposés.
2. C'est un ami dont je sais apprécier les conseils.
3. Son père, dont la fortune était immense, vivait en Suisse.
4. Ils ont acheté un tableau dont on ne connaît pas l'origine.
5. L'usine sur l'emplacement de laquelle on a trouvé les munitions, était fermée depuis des années.
6. Le prince arabe au nom duquel cette villa fut achetée, ne se présenta pas lors des tractations.
7. C'est un gadget sur l'utilité duquel on peut discuter.
8. Le maire selon l'avis duquel cet investissement aurait été inutile, se vit fortement critiquer par certains conseillers municipaux.
9. Le témoin fit des déclarations dont l'authenticité ne fut mise en doute par personne.
10. Je ne connais pas la société au nom de laquelle il s'est présenté.
11. Un procès débuta dont on ne pouvait imaginer l'issue.
12. Les gens, sur le terrain desquels on a retrouvé la victime, ont été les premiers à être interrogés par la police.
13. Je ne me rappelle plus le nom du lac au fond duquel on a trouvé ce trésor.

86 1. dans   2. à l'étranger   3. à la campagne, en ville   4. dans le nord   5. à   6. à, sur   7. à, pour   8. dans les rues   9. sur le garage   10. à, au bureau   11. sur (dans) l'île   12. au sud   13. sur les petites routes, sur les autoroutes   14. dans un esprit   15. en, en, en   16. dans   17. sur la côte   18. dans le sud-ouest   19. dans   20. en prison

87 1. au bord, au bord, sur les bords 2. sur 3. à la plage 4. au sud-ouest 5. à 6. en ville 7. dans, dans le style gothique 8. en, en, en langues vivantes 9. dans les prés, au bord 10. sur la rue 11. à l'embouchure 12. à l'est 13. dans un café 14. en tête 15. pour, dans l'Orient-Express 16. dans le sens 17. en, sur la deuxième chaîne

88 1. au, en, en, au, en, en, en, en, au 2. aux, au, en, en, en, à la, à, à, en, en, en, au, à la, en, en, en, en 3. au, qu'en 4. à 5. en, au, en

89 1. en, en, au 2. à, au 3. pour les fêtes 4. sur le coup 5. dans les années 50 6. par 7. en 8. à 9. dans une quinzaine 10. en 11. à (pour) 12. en 13. pour l'instant 14. dans 15. en, dans, au printemps, en été, en automne (à l'automne), en hiver

90 1. à, en 2. sur 3. en 4. dans 5. en 6. pour 7. sur le champ 8. par 9. dans 10. en 11. en 12. à 13. en

91 1. dans (à) l'épicerie, près de la gare 2. auprès de 3. chez 4. dans (chez) 5. avec 6. sur 7. auprès de 8. chez le producteur 9. à la boulangerie 10. auprès de 11. chez les Anglais 12. au pressing 13. près de 14. chez 15. au marché 16. sur 17. dans 18. près de 19. chez, au Parlement 20. avec

92 1. à la charcuterie 2. près de 3. chez le coiffeur 4. au musée Rodin 5. chez les Britanniques 6. à la direction 7. chez 8. avec 9. sur 10. avec 11. chez 12. chez 13. avec 14. avec

93 1. à 2. avec 3. avec 4. en 5. par, par 6. aux pommes, aux prunes, à la rhubarbe 7. avec 8. par, par (–, –) 9. à 10. avec 11. à (en) 12. aux cheveux blonds 14. avec les premiers rayons 15. à

94 1. avec 2. par la main 3. en, en 4. par la publicité 5. à 6. en 7. avec 8. au canard 9. avec, sur le 10. à 11. par la douceur, par des cris 12. qu'avec 13. à l'homme 14. en maillot de bain 15. avec 16. à

95 1. au-dessus de 2. sous 3. avant 4. derrière 5. après 6. derrière 7. avant (après) 8. devant 9. sous 10. au delà des frontières 11. sur la cheminée 12. devant l'Hôtel de ville 13. sur la table 14. au-dessous d' 15. sous

96 1. avant 2. derrière 3. après 4. sur 5. derrière 6. au-dessus du cratère 7. sous le règne 8. avant le lever du jour 9. au delà du (derrière, après le) village 10. sur le Mont Agel 11. au delà de 12. après 13. au-dessus de la moyenne 14. sous les ordres 15. avant 16. devant l'entrée

97 1. du nord au sud 2. sur 3. jusqu'à 4. de plus en plus 5. de 6. de fleur en fleur 7. par 8. jusqu'à la (sur la) place 9. jusqu'à, de 10. sur 11. de moins en moins 12. de 25 à

98 1. par 2. par 3. d' 4. sur 5. de 6. par 7. de 8. de 9. jusqu'au dernier sou 10. du 15 juin au 15 juillet 11. de 12. par

99 1. parmi 2. entre 3. entre 4. parmi 5. entre 6. parmi 7. entre 8. entre (parmi) 9. parmi 10. entre 11. entre

100 1. à partir de la semaine prochaine, (dès la semaine prochaine)   2. à partir de   3. depuis   4. dès le lendemain   5. à partir de   6. à partir de (depuis)   7. dès   8. à partir du (dès le) passage   9. dès (depuis) l'entrée   10. à partir du (dès le) 1er juillet   11. à partir de   12. depuis   13. à partir de   14. depuis   15. à partir de   16. dès le 15 août   17. à partir de l'an prochain (dès l'an prochain)

101 1. à, à   2. à   3. en, en   4. de   5. en, en   6. à   7. en, en, en   8. de   9. en, en   10. en (de)   11. à   12. à   13. à

102 1. outre   2. sauf à la dernière (excepté la dernière)   3. selon (suivant, d'après)   4. en dehors de   5. sauf le samedi (excepté le samedi)   6. hors   7. selon (suivant)   8. sauf (excepté)   9. hors d'   10. d'après (selon)   11. hors d'

103 1. de   2. à   3. d'Argentine   4. dans   5. des deux côtés   6. par la Suisse   7. à travers   8. de   9. à travers les siècles   10. de Bourgogne

104 1. par   2. aux côtés   3. dans   4. à   5. à travers   6. par   7. des deux côtés, du côté, du côté   8. dans les livres   9. à   10. de   11. par

105 1. contre   2. contre   3. envers   4. contre   5. envers   6. contre   7. contre   8. envers   9. contre   10. contre   11. envers   12. contre

106 1. dans (avec) l'intention de   2. à partir de   3. par comparaison avec   4. en faveur de   5. à cause de   6. au lieu d'   7. en dépit des   8. à l'égard de   9. lors du   10. quant à

107 1. par rapport au (face au)   2. sur   3. malgré   4. dans le but d'   5. grâce à   6. de par   7. à la suite de   8. à la différence de (par rapport à)   9. envers (face à)   10. face à

108 1. à l'exception de   2. envers les   3. par suite de (en raison de)   4. face à   5. au lieu de   6. dans (avec) l'intention de   7. à l'opposé des   8. par le biais d'   9. en raison de   10. au profit des

109 1. contrairement à   2. aux dépens des   3. contre   4. à l'égard de   5. du fait du   6. au bénéfice des   7. au lieu de   8. par l'intermédiaire de   9. quant à   10. dans le but de

110 1. face aux   2. du fait de (en raison de)   3. sur   4. au contraire de   5. à l'encontre des (contre les)   6. au détriment de   7. en matière d'   8. en raison des (du fait des)   9. au sujet de (sur)   10. contre

111 1. en dépit des   2. à propos de   3. avec l'aide du   4. à l'égard de   5. à l'occasion d'   6. pour   7. à l'aide d'   8. vis-à-vis des   9. du fait de   10. en raison du

112 1. Nous devons rester fermes face à (vis-à-vis) de telles exigences.
2. Elle s'est trompée en faveur (au profit, au bénéfice) du client.
3. Malgré (en dépit de) tous ses efforts, il ne réussit pas à battre son adversaire.
4. De Gaulle revint en 1958 au pouvoir avec (dans) l'intention (dans le but) de donner stabilité et continuité à la politique française.
5. Ses engagements professionnels s'excercent au détriment (à l'encontre) de sa vie de famille.
6. Ce garçon rêve au lieu de travailler.

7. Je n'ai aucune méfiance à ton égard (envers toi, à l'encontre de toi, vis-à-vis de toi).
8. Nous avons bien retapé notre appartement avec l'aide de (grâce à) nos amis.
9. Cette loi s'exerce en faveur (au profit, au bénéfice) de la grande industrie et au détriment des (à l'encontre des, contre les) entreprises artisanales.
10. Le malade ne put être sauvé malgré (en dépit de) l'intervention de spécialistes.
11. Contrairement à autrefois, la vie dans notre petite ville est aujourd'hui assez anonyme.
12. Le favori remporta la victoire malgré (en dépit d') une légère blessure.
13. Il obtint l'emploi en raison (du fait) de sa longue expérience professionnelle.
14. La Banque centrale tente par le biais de l'augmentation du taux de l'escompte, d'inciter la population à l'épargne.
15. Le ministre des Affaires Etrangères a achevé hier à Riad ses conversations au sujet de (sur) la coopération franco-saoudienne.

113
1. Tous votèrent la loi à l'exception de (sauf) quelques députés de l'aile gauche.
2. Beaucoup de personnes ont des préjugés envers les (à l'égard des, vis-à-vis des, à l'encontre des) étrangers.
3. Il tenta d'influencer la décision en sa faveur (à son profit).
4. Le ministre des Finances espérait combler le déficit budgétaire par le biais (au moyen) d'une augmentation de la T.V.A.
5. Il n'était pas prédestiné à cette carrière de par (du fait de) son origine sociale.
6. Au lieu d'hésiter, il aurait fallu réagir tout de suite.
7. Ce candidat a gagné les élections contre (contrairement à) toute attente.
8. Toute nouvelle implantation industrielle dans cette région se ferait au détriment (irait à l'encontre) de l'équilibre écologique.
9. Il a une autre attitude que moi face à (à l'égard de, vis-à-vis de) l'argent.
10. Ils tentèrent d'obtenir la libération des détenus politiques par l'intermédiaire (avec l'aide) d'une organisation humanitaire.

114
1. parlerai 2. vais vous donner 3. aboiera, ne lui dira pas 4. vont vendre 5. vais t'enregistrer 6. te montrerai 7. pourrai 8. va pouvoir 9. reparlerons 10. ne répétera jamais 11. vais la changer 12. va pleuvoir

115
1. seront 2. vais vous démontrer 3. vas prendre 4. ne partirai pas 5. va vous recevoir 6. me demanderai 7. va maintenant se passer 8. se lèvera 9. vais m'y mettre, m'aideras 10. vais passer, le passeras, auras, vais t'en donner 11. vas aller, irai 12. verra

116
1. est monté 2. a déjà sorti 3. est descendu 4. avons retourné 5. est allé 6. sont restés 7. avons marché, (avons) couvert 8. avons nagé, nous sommes reposés 9. a surmonté, (a) plongé 10. a appris, a sauté 11. sont déjà arrivés 12. a franchi 13. n'a pas vieilli 14. a reculé 15. est revenue 16. a atterri, (a) redécollé 17. a beaucoup changé 18. a déjà beaucoup voyagé 19. est sorti 20. a monté

117
1. n'as pas suivi 2. a traversé 3. est paru (a paru) 4. a appris, a éclaté 5. ont disparu, a vues 6. a beaucoup grandi 7. ai passé 8. ont précédé 9. est tombé, s'est fait 10. a démarré, et (a) malheureusement heurté 11. ai déjà sorti 12. a monté 13. es passé 14. a échoué 15. est intervenue 16. avons remonté 17. as déjà descendu 18. êtes rentrés 19. n'y suis jamais retourné 20. est resté

118 1. as couru   2. ait surmonté   3. a trop vite passé   4. ont déjà échoué (sont déjà échoués)   5. est toujours parvenu   6. as plongé   7. as rentré   8. ont longuement patrouillé   9. ont déjà traversé   10. a finalement succombé   11. a poussé   12. a baissé   13. n'est paru qu' (n'a paru qu')   14. ai prévenus, ai pu   15. est passé   16. est apparue   17. se sont bien passées   18. n'est pas encore rentré   19. a récemment sorti   20. est rentré   21. a suivi   22. sont apparus, avaient tous disparu   23. sommes allés   24. est survenu

119 1. commises, conduits   2. valu   3. conçus   4. servi   5. venue   6. cuites   7. failli   8. écrites   9. clos   10. offerte   11. cousu   12. construite   13. tenues   14. éteintes, tombée   15. cru   16. dissoute   17. dormi   18. faites, été   19. feinte   20. plu

120 1. sues   2. suffi   3. peintes   4. tu, pris   5. souffert   6. pu, dues   7. fui   8. morts   9. fallu   10. atteintes   11. venu, vu, vaincu   12. haï   13. contraints   14. prises   15. rompu   16. surpris, ris   17. détruites   18. entendu   19. dit   20. extraites

121 1. aperçus   2. instruite   3. résolu   4. plainte   5. voulu   6. née   7. déteint   8. acquises   9. couru   10. recouverte   11. lus, plu   12. instruit   13. paru   14. cueillis   15. plu   16. couverts   17. nui   18. senti   19. crû   20. pu

122 1. suivis, été   2. convaincu   3. battu   4. vue   5. aperçue   6. rejoints   7. vécues   8. ouvertes   9. résolues   10. mise   11. bues   12. conclus, remis   13. craint   14. reçues   15. connue

123 2 a alors conduits   3 avons pris/sommes arrivés   3/4 avons d'abord dû   4 ont été   5 n'avions plus   6 avions   7 n'arrivions pas   8 allions   8/9 nous sommes séparés et avons décidé   10 se sont reposés   11 faisais/se sont rendus/a servi   12 a redonné   13 attendait   14 intéressait/était/régnait   16 étions/a été (était)/avons alors franchi   17 a accueillis   17/18 a conduits   18 attendait

124 2 a eu   3 voulait   4 s'est aperçu/était   6 constituait   7 faisait/était   8 pouvions/paraissait   9 s'étendait   10 alternaient   11 surgissaient   12 était   14 avons discuté/avons à nouveau jeté   15 est apparu   15/16 ne distinguait plus   16/17 nous trouvions   19 nous sommes doutés   20 se sont soudain tus/sont devenus   21 avaient/tentaient   23 avons pu   24 devenait/se perdait   25 nous trouvions/recouvrait   26 a invités   28 ont suivi/ont été/se rapprochait   29 avait/se précipitaient   30 n'arrivait pas/allait   31 semblait   32 a surgi   33 a rapidement perdu/s'est posé   34 a terminé

125 3 avons dû   4 nous sommes trouvés   6 avons été/a adressé   7 fallait   8 a tout de même été/était   9 était   10 a eu/étions   11 avait/faisaient   13 avons enfin trouvé/a appris   14 n'était pas/pensions   15 ont abouti   16 n'avons pas pu   17 avons mis   18 devions   19 avons effectué   20 s'agissait/connaissions   21 étaient   23 ont traîné/se sont confortablement installés

126 2 avons dû (devions)/était   3 partait/avons décidé   4 faisait   5 étions/commencions   6 étaient/se sont tout simplement couché   7 se sont endormis/sommes montés   8 avons traversé   10 paissaient   11 a resurgi   12 était/nous sentions/étions   13 ne connaissions pas   14 nous demandions   16 est allé/a fait/s'est cherché   17 s'est reconnu   17/18 s'est donné   18 s'est très vite établi

127 2 avons fait   5 nous sommes très vite habitués   6 se sont efforcés/fait   7 a emmenés/ avons visité   8 ont organisé   9 se sont rendues   10 se sont ajoutées   12 avons appris   14 a très vite passé   15 l'avons fait/étions   16 devaient   17 a été   18 était/voulait (a voulu)   19 avons tous été

128 5 faisait, fallut   6 dus   7 attestait   8 faisait   9 isolait/paraissait   10 avait   12 fut/ tenta   13 s'était/feignis   15 offris/mit   16 se mit   18 faisait   20 prouvaient/ n'était pas   21 se hâtaient   23 passait/se succédaient/approchai   24 fut/n'avais pas   25 me laissai   26 passait   27 était   28 firent   29 poursuivis   30 semblait (sembla)/ vis   32 l'emportait   33 vagabondait   34 revivais/me projetais/finit   35 n'avait plus   36 flottais/côtoyait   37 s'évanouissaient   38 arrivai   39 fallut   44 avait

129
1. Le chemin étant bordé d'immenses platanes, offre toujours une agréable fraîcheur.
2. Le fleuve ayant débordé, les champs sont inondés.
3. La façade de l'Opéra de Paris étant somptueusement ornée de nombreuses sculptures, fascine beaucoup de touristes.
4. Les sentiers forestiers étant aménagés pour le ski de fond, attirent beaucoup de monde.
5. Certains défauts étant constatés lors des contrôles, on écarte les pièces défectueuses.
6. L'été ayant été très chaud, les réserves d'eau commencèrent à baisser.
7. Les arguments étant avancés par des personnes compétentes, on peut les retenir.
8. L'île étant reliée au continent par un pont très étroit, on ne peut s'y rendre en voiture.
9. Le concert ayant déjà commencé, les portes sont fermées.
10. Ces médicaments étant destinés aux victimes du récent tremblement de terre, doivent être acheminés rapidement.
11. Les habitations étant construites dans le style local, s'harmonisent parfaitement avec le paysage.
12. Les aiguilleurs du ciel ayant renoncé à leurs revendications, la grève n'aura pas lieu.
13. Le voyage du ministre en Corse étant programmé depuis longtemps, ne pourra être différé.
14. L'automne ayant été très ensoleillé, le vin sera bon.
15. La télévision étant contrôlée par le gouvernement, n'exprime aucune critique à l'encontre de celui-ci.

130
1. a) Les tables qui sont installées l'été sur les trottoirs des cafés, invitent les passants à venir consommer.
   b) Les tables installées ...
2. a) Le château qui est entouré d'un jardin à l'anglaise, constitue un but de promenade apprécié.
   b) Le château entouré ...
3. a) Le fleuve qui est dominé par de magnifiques escarpements rocheux, décrit de jolis méandres.
   b) Le fleuve dominé ...
4. a) La discothèque qui est installée dans un ancien hangar, est le point de ralliement de nombreux jeunes.
   b) La discothèque installée ...
5. a) Les jardins de Versailles qui ont été dessinés par l'architecte Le Nôtre sont magnifiques.
   b) Les jardins de Versailles dessinés ...

6. a) Les espaces verts qui ont été récemment aménagés au cœur de la ville, rendent à de nombreuses personnes l'envie d'habiter au centre-ville.
   b) Les espaces verts récemment aménagés ...
7. a) Le phare qui était autrefois destiné à guider les marins, ne fonctionne plus de nos jours.
   b) Le phare autrefois destiné ...
8. a) Les dégâts qui sont dus à la longue période de sécheresse, s'élèvent à plusieurs millions de francs.
   b) Les dégâts dus ...
9. a) Les récentes avalanches qui sont dues au brutal réchauffement de l'atmosphère, ont causé de graves dégâts dans la vallée.
   b) Les récentes avalanches dues ...
10. a) De nombreux projets de réformes qui avaient été décidés par le gouvernement avant la crise, ne peuvent plus maintenant être menés à bien.
    b) De nombreux projets de réformes décidés ...
11. a) Malgré un crédit très favorable qui (lui) a été accordé par sa banque, cette entreprise ne parvient pas à être rentable.
    b) Malgré un crédit très favorable accordé ...
12. a) J'ai pu suivre hier à la télévision une intéressante émission qui était consacrée à la politique extérieure de l'Union soviétique depuis 1945.
    b) ... émission consacrée ...

131 1. N'ayant pas été construites dans le style du pays, ces habitations s'harmonisent mal avec leur environnement.
2. N'ayant pas été réalisés dans des matériaux de bonne qualité, ...
3. N'ayant pas réservé ...
4. La firme ayant omis d'introduire ...
5. Ayant oublié de donner ...
6. N'étant pas assurés contre ...
7. La demande n'ayant pas été faite ...
8. N'ayant pas réussi ses derniers examens ...
9. La voiture étant réparée ...
10. Les accords ayant été signés ...
11. Les bâtiments étant occupés de façon ...

132 1. Ne pouvant se décider ...
2. Un homme politique s'engageant pour ...
3. Tout en aimant beaucoup ...
4. En arrivant à Sydney ...
5. En investissant dans ...
6. ... chantaient en jouant.
7. ... la santé en fumant trop.
8. En coupant ici ...
9. En mentant de la sorte ...
10. La route devant être élargie ...

133
1. ... un appartement comprenant au moins ...
2. Ne sachant pas encore ...
3. ... de la musique en travaillant.
4. En adhérant à cette organisation ...
5. ... une aile en se garant.
6. En suivant ce régime ...
7. ... poèmes datant du ...
8. Tout en étant très riche ...
9. Ne pouvant dormir ...
10. ... vertige en gravissant les ...
11. Ce n'est pas en criant que ...
12. Tout en étant très heureux ...
13. ... blessé en jouant ...
14. ... en faisant du sport.
15. Les pièces donnant sur ...

134
1. Le secrétaire ... en assurant que les familles ... et en ajoutant que le gouvernement ...
2. ... espérant gagner ...
3. Ayant annexé l'Alsace ...
4. ... en faisant installer ...
5. Ayant constaté à différentes reprises ...
6. Ayant écouté les représentants ...
7. Tout en s'intéressant aux ...
8. N'approuvant plus les objectifs ...
9. Tout en connaissant ...
10. Désirant me renseigner ...
11. En écrivant ses mémoires ...
12. Tout en ayant de bons résultats ...
13. En étudiant la carte ...
14. Tout en n'étant pas hostile ...
15. Tout en ayant une carte routière ...
16. ... ayant pris soin ...
17. Tout en croyant ...
18. (Tout) en écoutant ses amis ...
19. N'ayant plus l'usage ...
20. Se trouvant maintenant ...
21. ... le Japon ne disposant pas de ...
22. Ne se sentant pas bien ...
23. Ne réussissant pas à ...

135
Si j'avais de l'argent,
1. je t'offrirais un transistor.
2. j'irais en Espagne.
3. je ferais ce voyage.
4. je partirais en avion.
5. je louerais un chalet.
6. je jouerais à la roulette.
7. je descendrais dans les grands hôtels.
8. je ne boirais que du champagne.

9. je voyagerais en première classe.
   10. je m'achèterais une planche à voile.
   11. j'acquerrais cette propriété.
   12. je réaliserais mes rêves.

136 Si j'avais eu de l'argent,
   1. je t'aurais offert un transistor.
   2. je serais allé en Espagne.
   3. j'aurais fait ce voyage.
   4. je serais parti en avion.
   5. j'aurais loué un chalet.
   6. j'aurais joué à la roulette.
   7. je serais descendu dans les grands hôtels.
   8. je n'aurais bu que du champagne.
   9. j'aurais voyagé en première classe.
   10. je me serais acheté une planche à voile.
   11. j'aurais acquis cette propriété.
   12. j'aurais réalisé mes rêves.

137 Si nous avions le temps,
   1. nous viendrions plus souvent vous voir.
   2. nous écririons toutes les semaines.
   3. nous nous occuperions du jardin.
   4. nous nous promènerions tous les jours.
   5. nous resterions plus longtemps.
   6. nous prendrions des vacances.
   7. nous lirions davantage.
   8. nous aménagerions le sous-sol de notre maison.
   9. nous vous accompagnerions au cinéma.
   10. nous regarderions ce film à la télé.
   11. nous nous arrêterions à Nîmes.

138 Si nous avions eu le temps,
   1. nous serions venus plus souvent vous voir.
   2. nous aurions écrit toutes les semaines.
   3. nous nous serions occupés du jardin.
   4. nous nous serions promenés tous les jours.
   5. nous serions restés plus longtemps.
   6. nous aurions pris des vacances.
   7. nous aurions lu davantage.
   8. nous aurions aménagé le sous-sol de notre maison.
   9. nous vous aurions accompagné(s) au cinéma.
   10. nous aurions regardé ce film à la télé.
   11. nous nous serions arrêtés à Nîmes.

139 1. Pourquoi changerait-il d'avis?
   2. Pourquoi accepterait-il cette proposition?
   3. Pourquoi mentirait-il?
   4. Pourquoi gagnerait-il ce match?

5. Pourquoi croirait-il à cette histoire?
6. Pourquoi renoncerait-il à son projet?
7. Pourquoi se tairait-il?
8. Pourquoi démissionnerait-il?
9. Pourquoi craindrait-il la vérité?
10. Pourquoi envierait-il son frère?

140

1. Pourquoi aurait-il changé d'avis?
2. Pourquoi aurait-il accepté cette proposition?
3. Pourquoi aurait-il menti?
4. Pourquoi aurait-il gagné ce match?
5. Pourquoi aurait-il cru à cette histoire?
6. Pourquoi aurait-il renoncé à son projet?
7. Pourquoi se serait-il tu?
8. Pourquoi aurait-il démissionné?
9. Pourquoi aurait-il craint la vérité?
10. Pourquoi aurait-il envié son frère?

141

Sans vous,
1. je me serais égaré.
2. j'aurais abandonné.
3. je ne serais pas resté.
4. je n'aurais pas terminé ce travail.
5. je n'aurais pas découvert ce restaurant.
6. je me serais trompé.
7. je serais arrivé en retard.
8. je n'aurais pas résolu ce problème.
9. je n'aurais pas réussi mon examen.
10. je ne serais pas parvenu à remettre cet appareil en marche.
11. je n'aurais pas pu traduire ce texte.
12. je ne me serais pas adapté aussi vite à mes nouvelles fonctions.

142

1. Il ne se souviendrait de rien?
2. Ils enverraient leur fils à l'étranger?
3. Elle courrait à la faillite?
4. Il fuirait souvent devant ses responsabilités?
5. Il ne tiendrait pas compte de ce qu'on lui dit?
6. Il ne recevrait pas le vendredi?
7. Il ne vaudrait rien?
8. Elle verrait l'avenir avec angoisse?
9. Ils voudraient louer une partie de leur maison?

143

1. Il se serait mis à faire de la voile?
2. Elle aurait adopté l'heure d'été?
3. Ils auraient été appelés à 5 h du matin?
4. Il aurait acheté un yacht?
5. Ils auraient divorcé?
6. Il aurait changé de voiture?
7. Il se serait écrasé?
8. On aurait libéré les otages?

9. Ils auraient disparu?
10. Il aurait déraillé?

144 A ta place,
1. je demanderais son avis à un spécialiste.
2. je prendrais tout mon temps pour réfléchir.
3. je ne me laisserais pas intimider.
4. je ferais davantage d'exercices.
5. je travaillerais moins.
6. je me méfierais davantage de la publicité.
7. je téléphonerais tout de suite à Mélanie.
8. je garderais tout mon calme.
9. je m'achèterais un lave-vaisselle.
10. je me ferais moins de souci.

145 1. compterait, servirait, abriterait, contiendrait, serait, se situerait, devrait, serait, protégeraient, aurait, rendraient
2. apprécierait, s'intéresserait, saurait, serait, partagerait, aimerait, s'exprimerait, s'y connaîtrait, s'enthousiasmerait, ferait

146 1. a) Si on n'enrichit pas le sol avec des engrais, le rendement sera certainement plus faible.
   b) Si on n'enrichissait pas ..., le rendement serait ...
   c) Si on n'avait pas enrichi ..., le rendement aurait été ...
2. a) Si ce député continue à ne pas se conformer à la ligne de son parti, il s'en verra exclu.
   b) Si ce député continuait ..., il s'en verrait exclu.
   c) Si ce député avait continué ..., il s'en serait vu exclu.
3. b) Si tu faisais attention, cela n'arriverait pas.
   c) Si tu avais fait attention, cela ne serait pas arrivé.
4. a) Si nous avons un empêchement quelconque, nous vous le ferons connaître.
   b) Si nous avions ..., nous vous le ferions ...
   c) Si nous avions eu ..., nous vous l'aurions fait ...
5. a) S'il ne se manifeste pas d'ici demain, nous devrons lui téléphoner.
   b) S'il ne se manifestait pas ..., nous devrions ...
6. a) Si elle ne reçoit pas notre mot, elle écrira certainement.
   b) Si elle ne recevait pas ..., elle écrirait ...
   c) Si elle n'avait pas reçu ..., elle aurait certainement écrit.
7. a) Si tu ne soignes pas cette plaie, elle s'infectera.
   b) Si tu ne soignais ..., elle s'infecterait.
   c) Si tu n'avais pas soigné ..., elle se serait infectée.
8. a) Si cette usine ne rationalise pas sa production, elle ne sera rapidement plus rentable.
   b) Si cette usine ne rationalisait pas ..., elle ne serait ...
   c) Si cette usine n'avait pas rationalisé ..., elle n'aurait rapidement plus été ...
9. a) Si les négociations salariales n'aboutissent pas, on aura recours à un médiateur.
   b) Si les négociations salariales n'aboutissaient pas, on aurait recours ...
   c) Si les négociations salariales n'avaient pas abouti, on aurait eu recours ...
10. a) S'il ne se soumet pas à un régime sévère, il rechutera.
    b) S'il ne se soumettait pas ..., il rechuterait.
    c) S'il ne s'était pas soumis ..., il aurait rechuté.

147

1. a) Si je ne note pas les commissions que j'ai à faire, j'en oublierai sûrement la moitié.
   b) Si je ne notais pas ..., j'en oublierais ...
   c) Si je n'avais pas noté les commissions que j'avais à faire, j'en aurais sûrement oublié ...
2. a) Si je n'écris pas, je te téléphonerai.
   b) Si je n'écrivais pas, je te téléphonerais.
   c) Si je n'avais pas écrit, je t'aurais téléphoné.
3. a) Si elle n'est pas satisfaite, elle pourra le signaler.
   b) Si elle n'était pas ..., elle pourrait ...
   c) Si elle n'avait pas été ..., elle aurait pu ...
4. a) Si ce disque ne te plaît pas, nous pourrons l'échanger.
   b) Si ce disque ne te plaisait pas, nous pourrions ...
   c) Si ce disque ne t'avait pas plu, nous aurions pu ...
5. a) Si tu vas en ville, tu me rapporteras le journal.
   b) Si tu allais en ville, tu me rapporterais ...
   c) Si tu étais allé en ville, tu m'aurais rapporté ...
6. a) Si l'entreprise ne termine pas les travaux dans les délais, elle devra payer une forte amende.
   b) Si l'entreprise ne terminait pas ..., elle devrait ...
   c) Si l'entreprise n'avait pas terminé ..., elle aurait dû ...
7. a) S'il y a suffisamment de vent, nous pourrons faire de la planche à voile cet après-midi.
   b) S'il y avait ..., nous pourrions ...
   c) S'il avait eu ..., nous aurions pu ...
8. a) Si la couche de neige continue à augmenter, le col sera fermé.
   b) Si la couche de neige continuait ..., le col serait ...
   c) Si la couche de neige avait continué ..., le col aurait été ...
9. a) Si le brouillard se lève, vous pourrez admirer la vallée.
   b) Si le brouillard se levait, vous pourriez ...
   c) Si le brouillard s'était levé, vous auriez pu ...
10. a) Si notre rencontre ne peut avoir lieu ce jour-là, nous la reporterons à une date ultérieure.
    b) Si notre rencontre ne pouvait ..., nous la reporterions ...
    c) Si notre rencontre n'avait pu ..., nous l'aurions reportée ...

148

1. a) Si leurs exigences ne sont pas immédiatement satisfaites, les terroristes exécuteront les otages.
   b) Si leurs exigences n'étaient pas ..., les terroristes exécuteraient ...
   c) Si leurs exigences n'avaient pas été ..., les terroristes auraient exécuté ...
2. a) S'ils n'obtiennent pas satisfaction, les syndicats appelleront leurs adhérents à une grève générale.
   b) S'ils n'obtenaient pas ..., les syndicats appelleraient ...
   c) S'ils n'avaient pas obtenu ..., les syndicats auraient appelé ...
3. a) Si le Parlement ne vote pas le budget, le Premier ministre posera la question de confiance.
   b) Si le Parlement ne votait pas ..., le Premier ministre poserait ...
   c) Si le Parlement n'avait pas voté ..., le Premier ministre aurait posé ...
4. a) Si tu joues avec plus de conviction, tu gagneras haut la main.
   b) Si tu jouais ..., tu gagnerais ...
   c) Si tu avais joué ..., tu aurais gagné ...

5. a) Si nous ne faisons pas d'économies, nous ne pourrons pas partir aux sports d'hiver.
   b) Si nous ne faisions pas ..., nous ne pourrions pas ...
   c) Si nous n'avions pas fait ..., nous n'aurions pas pu ...
6. a) Si tu as un peu de chance, tu les trouveras chez eux à cette heure-ci.
   b) Si tu avais ..., tu les trouverais ...
   c) Si tu avais eu ..., tu les aurais trouvés ...
7. a) Si l'équipe gagne encore ce match, elle remportera le championnat.
   b) Si l'équipe gagnait ..., elle remporterait ...
   c) Si l'équipe avait gagné ..., elle aurait remporté ...
8. a) Si vous n'y voyez pas d'inconvénient, nous reprendrons cette conversation plus tard.
   b) Si vous n'y voyiez pas ..., nous reprendrions ...
   c) Si vous n'y aviez pas vu ..., nous aurions repris ...
9. a) Si j'achète un nouveau téléviseur, je revendrai l'ancien.
   b) Si j'achetais ..., je revendrais ...
   c) Si j'avais acheté ..., j'aurais revendu ...
10. a) Si le beau temps se maintient, les hôteliers feront de bonnes affaires.
    b) Si le beau temps se maintenait, les hôteliers feraient ...
    c) Si le beau temps s'était maintenu, les hôteliers auraient fait ...

149
1. S'il avait fait meilleur aujourd'hui, nous serions allés nous baigner.
2. S'il n'avait pas réagi aussi rapidement, il n'aurait pu éviter la voiture qui le précédait.
3. Si nous nous étions un peu plus dépêchés, nous aurions pu prendre le train de 15 heures.
4. Si on n'arrose pas les plantes régulièrement, elles ne résisteront pas (ne résistent pas) longtemps.
5. Si je pouvais, c'est bien volontiers que je t'aiderais.
6. Si nous nous étions doutés que vous veniez, nous aurions pris deux places de théâtre de plus.
7. S'il n'était pas aussi arrogant vis-à-vis des autres, il compterait plus d'amis.
8. Si tu avais rangé tes affaires correctement, tu les retrouverais.
9. Si tu avais fait bien attention, tu te souviendrais de ce que j'avais dit.
10. S'il avait tout de suite dit la vérité, on ne lui en aurait pas voulu.

150
1. S'il ne s'était pas lui-même vanté de son acte, personne n'en aurait rien su.
2. Si tu m'avais cru, cela t'aurait été épargné.
3. Si nous avions acheté des actions à l'époque, maintenant nous serions riches.
4. Si je m'étais aperçu plus tôt de ce défaut, je l'aurais signalé au vendeur.
5. Si tu t'intéresses à la science-fiction, je pourrai (je peux) te prêter un ouvrage que je trouve personnellement passionnant.
6. Si nous nous y étions pris plus tôt, nous aurions eu de meilleures places.
7. Si le temps s'était maintenu, les remontées mécaniques seraient restées en service plus longtemps.
8. S'il s'était douté qu'on l'observait, il aurait certainement eu un tout autre comportement.
9. Si j'avais su que cela le blesse, je me serais abstenu de lui en parler.
10. S'il avait eu la conscience tranquille, il ne se serait pas enfui.

151
1. Je retournerai voir ce film si l'occasion s'en présente.
2. Je me serais tu (Je n'aurais pas insisté) si je n'avais pas été certain de ce que j'avançais.

3. Je n'achèterai de nouvelle voiture que si l'ancienne me lâche. (... lorsque l'ancienne me lâchera.)
4. Si vous pouviez me nommer la maison d'édition qui a fait paraître ce livre, je vous en serais reconnaissant.
5. La catastrophe n'aurait pas eu lieu si les feux de signalisation avaient fonctionné correctement.
6. Si l'on avait pris des précautions, les inondations n'auraient pas causé autant de dégâts.
7. Si l'on avait sérieusement combattu l'inflation, la situation de l'économie ne se serait pas dégradée de la sorte.
8. J'aurais peut-être acheté cette tondeuse à gazon si son moteur avait été plus puissant.
9. La traversée aurait été plus agréable si la mer avait été moins agitée.
10. L'accident aurait fait beaucoup moins de victimes si le véhicule n'avait pas pris feu.

Je voudrais ... **152**
1. que tu ailles chercher le plat au four.
2. que tu boives ton lait.
3. que tu dormes vite.
4. que tu mettes le lave-vaisselle en marche.
5. que tu m'attendes.
6. que nous partions.
7. que nous allions nous promener.
8. que vous veniez prendre l'apéritif.
9. que tu me rendes ce service.
10. que tu prennes ton appareil photo.

Je regrette ... **153**
1. que tu ne saches pas où il est.
2. que tu n'aies pas lu cet ouvrage.
3. que vous ne connaissiez pas ce village.
4. qu'elle ne puisse pas participer à notre fête.
5. qu'il me craigne.
6. que tu te plaignes encore.
7. que cet argument ne te convainque pas.
8. que vous n'ayez pas suivi mon conseil.
9. que mon idée ne te plaise pas.
10. que tu ne sois pas au courant de cette histoire.

Il vaut mieux ... **154**
1. que vous partiez de bonne heure.
2. que tu écrives cette lettre.
3. que nous fassions attention.
4. qu'ils soient au courant de cela.
5. qu'elle sache la vérité.
6. que tu sois sûr de ce que tu avances.
7. que vous preniez part à cette discussion.
8. que tu te taises.
9. que tu ailles faire cette commission.
10. que vous disiez la vérité tout de suite.

155 Il est dommage ...
   1. que les vacances soient terminées.
   2. que tu partes demain.
   3. que vous ne preniez pas le temps de visiter ce musée.
   4. que nous ne puissions pas rester plus longtemps.
   5. qu'il fasse de la peine aux siens.
   6. qu'elle perde patience.
   7. qu'il faille renoncer à ce voyage.
   8. que nous ne sortions pas ce soir.
   9. que je n'aie pas mon appareil photo sur moi.
   10. qu'il pleuve aujourd'hui.

156 Il faut ...
   1. que je réfléchisse à la question.
   2. que tu en connaisses tous les détails.
   3. qu'elle sache exactement ce qu'il en est.
   4. que nous nous documentions.
   5. que vous vous procuriez un plan de la ville.
   6. qu'il prenne parti pour l'un ou pour l'autre.
   7. que nous nous adaptions aux coutumes de ce pays.
   8. qu'il subvienne aux besoins de sa famille.
   9. que vous vous absteniez de fumer dans cette salle.
   10. que je prenne quelques renseignements.

157 Il n'est pas certain ...
   1. qu'elles sachent ce qui s'est passé.
   2. qu'elle fasse les courses.
   3. qu'il dise la vérité.
   4. qu'il réussisse son examen.
   5. qu'il soit libre de ses décisions.
   6. qu'il fasse de la politique.
   7. qu'il prenne position dans cette affaire.
   8. qu'il acquière cette propriété.
   9. qu'ils puissent te dépanner.
   10. qu'il vienne ce soir.

158 Je ne pense pas ...
   1. qu'il pleuve d'ici demain.
   2. qu'il suffise de se taire pour avoir raison.
   3. qu'ils aient souvent l'occasion d'aller à l'Opéra.
   4. que nous soyons encore là à la fin du mois.
   5. qu'il se permette une telle insolence.
   6. qu'elle commette pareille erreur.
   7. qu'il ait peur de la difficulté.
   8. qu'ils fassent du ski.
   9. qu'il soit membre de ce club.
   10. que cela vaille la peine d'essayer.

J'ai peur ... **159**
  1. que tu conduises trop vite.
  2. qu'il en sache trop.
  3. qu'elle rompe avec sa famille.
  4. que vous viviez au-dessus de vos moyens.
  5. que cette prise de position nuise à votre carrière.
  6. que tu boives trop de vin.
  7. qu'il naisse de nouveaux conflits.
  8. qu'il s'en aperçoive.
  9. que vous ne fassiez pas attention.
10. que l'orage s'abatte sur les vignes.

J'attends ... **160**
  1. qu'il reçoive une réponse.
  2. que vous vouliez bien m'écouter.
  3. que vous me disiez si vous êtes d'accord.
  4. qu'on mette fin à ce débat.
  5. qu'il finisse son dessin.
  6. que tu poursuives tes études.
  7. que tu tiennes compte de cette remarque.
  8. que vous preniez patience.
  9. que vous fassiez preuve de courage.
10. que tu résolves cette énigme.

Je suis surpris ... **161**
  1. que ce médicament fasse si peu d'effet.
  2. qu'il ne rende pas les livres que je lui ai prêtés.
  3. qu'elle sorte si peu.
  4. qu'il ne lise pas de quotidien.
  5. que vous y fassiez allusion.
  6. que tu ne fasses pas de progrès.
  7. que vous n'alliez pas chez l'opticien.
  8. que cet animal vive tant d'années.
  9. que la nouvelle se répande aussi vite.
10. que tu n'ailles pas bien.

Je ne m'attendais pas à ce ... **162**
  1. qu'elle rie (rît) aux éclats.
  2. qu'elle y voie (vît) un inconvénient.
  3. qu'elle croie (crût) si facilement cet homme.
  4. qu'il acquière (acquît) autant d'assurance.
  5. que le parti exclue (exclût) ce membre.
  6. qu'il conclue (conclût) ce contrat si vite.
  7. que cet artiste conquière (conquît) aussi facilement le public.
  8. qu'il fuie (fuît) devant ses responsabilités.
  9. qu'il meure (mourût) si jeune.
10. qu'il coure (courût) ce risque.

1. reconnaisse 2. soient 3. est 4. soient 5. plaisez (plairez) 6. soient 7. prenne **163**
8. n'est pas 9. fasse 10. n'approuvait pas 11. ayez 12. aient 13. ne voulait plus

14. avais   15. acceptiez   16. se poursuive   17. n'ayez pas   18. aient   19. ne pouvons pas (ne pouvions pas, ne pourrons pas)   20. soient

164   1. suis (sois)   2. souhaitait   3. connaisse   4. vaille (vaut)   5. fasse   6. prévoit (prévoyait, a prévu)   7. convienne   8. fassent   9. devait (devrait)   10. viendra   11. parliez   12. sentiez   13. aient   14. détienne   15. ait   16. soit (est)   17. n'arriverons qu'à   18. ait   19. ait   20. permette

165   1. n'ont pas   2. mette   3. a   4. reportions   5. campions   6. paraisse   7. paraisse   8. ait   9. soient   10. fasse (ait fait)   11. n'ayons pas   12. avait   13. soyez   14. as (auras)   15. soient   16. tienne   17. ne pouvait pas (ne pourrait pas)   18. rendriez   19. vaille (ait valu)   20. nuise (ait nui)

166   1. ait   2. parvienne   3. réunisse (réunirait)   4. aperçoive   5. s'est (se sera)   6. cherchiez   7. peut (pourra)   8. aille   9. était   10. soit   11. avait   12. accompagnions   13. dépende   14. mente   15. puisse (pût, pouvait)   16. rende   17. arriverons   18. aies   19. puisse (ait pu)   20. partions

167   1. étaient   2. répande   3. aie (aie eu, ai, avais, ai eu)   4. soit (est)   5. ne fasse pas   6. doive   7. ait   8. sache   9. avons   10. puisse (pourrais)   11. aie (aie eu, ai, avais, ai eu)   12. voulait (veuille, ait voulu, voudra)   13. soit (ait été, est, était)   14. prendra   15. puisse   16. allaient   17. peut (pourra, pourrait, puisse)   18. fasse (ait fait)

168   1. conduise   2. peuvent   3. veuille   4. plaise   5. mette   6. soit   7. ait   8. perde   9. rentrions   10. puissent   11. ne se sent pas   12. prenne   13. est   14. soit   15. ne puissiez pas   16. ayons   17. soient   18. a   19. doive   20. remboursions (rembourseront)

169   1. vienne   2. prend   3. ne remette pas   4. mette   5. établissions   6. sache   7. a   8. revienne   9. vienne   10. consente   11. parvienne   12. ne sommes pas (ne soyons pas)   13. ont   14. puissions   15. ait   16. persuadiez   17. respecterons   18. posiez   19. est   20. redise   21. êtes   22. réserviez   23. réussisse (réussirai)   24. rendrons

170   1. acquière   2. éclata (a éclaté), avons été   3. ralentisse   4. concorderaient   5. aies   6. se sente (se soit sentie), se soit évanouie   7. veuille   8. voulez (voudrez)   9. ai   10. revienne   11. eut (ait langage familier)   12. déteigne   13. ne seriez pas   14. finit   15. remette   16. ait fait, ait manqué   17. rendes   18. avais   19. dises   20. s'en est emparée

171   1. aurions   2. prends   3. fassent   4. réouvrir   5. disposions   6. n'ai pas retrouvé   7. soient   8. puissent   9. ne savait rien   10. dises   11. seraient   12. devienne (devînt)   13. voulions   14. soyez   15. arrivèrent   16. puisse   17. doit (devra, devrait)   18. sache   19. soient   20. auras (as)

172   1. répondes   2. n'est pas   3. prendriez   4. soit   5. soit   6. quittait   7. soient (aient été)   8. installerons (installons)   9. peut   10. ne se satisfaisait pas   11. parvienne   12. soit   13. finirent   14. peut (pourrait)   15. soit   16. soient   17. réussisse   18. confonds   19. prennent   20. sont   21. élise   22. aperçoive   23. entendit   24. est   25. disputions

1. ne soit (pas) 2. plaise 3. peut 4. contienne 5. plaît 6. réponde 7. n'ait pas soupçonné 8. soit 9. arriva 10. soit 11. soit 12. était 13. puisse 14. consommerait (consomme) 15. apparaît (apparut) 16. puissent 17. paraisse 18. avait 19. réponde 20. puissiez 21. soient

173

1. Ces balais sont fabriqués par des handicapés.
2. L'employé fut blâmé par son patron pour sa négligence.
3. Les portes avaient été fermées par le concierge à 18 h.
4. L'exposition serait inaugurée jeudi par le maire lui-même.
5. Ces livres sont lus surtout par les jeunes.
6. La pièce était éclairée par une seule lampe.
7. Le moteur rotatif fut inventé par un ingénieur allemand.
8. Ma montre n'avait pu être réparée par le vendeur.
9. Ce sérum sera livré par un laboratoire suisse.
10. Le dessin de Laurent a été primé par le jury.
11. Cette découverte avait été effectuée par un chercheur.
12. Ces calculatrices électroniques sont utilisées par les ingénieurs du bâtiment.
13. L'eau serait chauffée par des capteurs solaires.
14. Les frais seront pris en charge par la firme.
15. Le tableau de la Joconde a pu être admiré au cours des siècles par des millions de visiteurs.

174

1. Nous avons été fascinés par cette voix de basse.
2. A marée haute, la plage est recouverte sur des kilomètres par la mer.
3. Cette villa venait d'être achetée par un riche Américain.
4. Votre commande vous sera livrée par la maison dès jeudi.
5. Les blue-jeans sont maintenant portés par les jeunes et les moins jeunes.
6. Tous ces renseignements m'ont été fournis par un agent d'assurances.
7. Le mur du son vient d'être franchi par un avion.
8. Les passagers sont invités par l'hôtesse à attacher leur ceinture.
9. Le déroulement de la course avait été beaucoup perturbé par la pluie.
10. Le jeune artiste a été applaudi à tout rompre par le public.
11. La coupe du Monde de football a été remportée plusieurs fois par les Italiens.
12. Nos forêts sont encore peuplées par toutes sortes d'animaux.
13. Des millions de baguettes du pain sont consommées chaque jour par les Français.
14. Cette ferme fut détruite en quelques minutes par un violent incendie.
15. L'Amérique a été découverte en 1492 par Christophe Colomb.

175

1. Un accord de coopération a été signé par les ministres des Affaires Etrangères des deux pays.
2. Une série de concerts sera donné par le Chœur de l'Orchestre de Paris à partir du 25 août.
3. Un concours sera prochainement organisé par l'Orchestre Philharmonique de Lille pour le recrutement de trois violonistes.
4. Selon les clauses du contrat, tous les frais devraient être couverts par l'assurance.
5. Les hôtels dans lesquels étaient descendus les participants au congrès furent surveillés par la police.
6. Ses bagages avaient été fouillés par les douaniers, bien qu'il ait affirmé n'avoir rien à déclarer.

176

7. Le chef de la junte déclara que l'ordre démocratique serait rétabli d'ici un an par le gouvernement.
8. Le projet aurait été abandonné depuis longtemps par la direction de la firme si celle-ci n'avait été persuadée de sa rentabilité.
9. Bien que les gros titres de presque tous les journaux aient été faits par cette nouvelle, celle-ci ne trouva guère d'écho dans l'opinion publique.
10. L'assaillant n'aurait pas été repoussé par les défenseurs sans l'intervention de troupes alliées.

177 1. d' 2. par 3. par 4. par 5. de 6. par 7. de 8. par 9. de 10. de 11. par 12. par 13. par 14. par 15. de

178 1. d' 2. par 3. par 4. par 5. de 6. de 7. par 8. de 9. du 10. de 11. par 12. par 13. par 14. de 15. de 16. de 17. par

179 1. Les portes de l'immeuble sont (étaient) fermées chaque soir par le concierge.
2. On est (était) en train de réparer notre chauffage.
3. Les noms des gagnants seront publiés prochainement dans le journal. On publiera prochainement les noms des gagnants dans le journal.
4. Ce gisement d'uranium est (était) exploité par une société américaine.
5. On fume beaucoup. On a beaucoup fumé.
6. Les résultats seront (ont été) annoncés à 18 h. On annoncera (On a annoncé) les résultats à 18 h.
7. Ce projet de loi a été adopté hier à l'Assemblée Nationale. On a adopté ce projet de loi hier à l'Assemblée Nationale.
8. L'eau du bassin est (était) changée tous les jours. On change (changeait) tous les jours l'eau de ce bassin.
9. Les voitures sont (étaient) soigneusement examinées par les contrôleurs avant chaque course.
10. On parle beaucoup (On a beaucoup parlé) de ce scandale dans les journaux.

180 1. Ce modèle sera mis sur le marché à partir de l'année prochaine.
2. Vos frais vous seront remboursés. On vous remboursera vos frais.
3. On rénove l'église en ce moment.
4. On évite (évitait) d'en parler.
5. Les débats ont été abrégés. On a abrégé les débats.
6. Ces peuples on été exploités pendant des siècles. On a exploité ces peuples pendant des siècles.
7. L'esclavage n'a été aboli que dans la deuxième moitié du 19e siècle. On n'a aboli l'esclavage que dans la deuxième moitié du 19e siècle.
8. On prétend (a prétendu) qu'il est (était) au bord de la faillite.
9. Dans ce magasin, on parle français et anglais.
10. Les causes de sa démission sont (ont été) passées sous silence. On passe (a passé) sous silence les causes de sa démission.
11. Les guichets seront ouverts à 15 h.
12. Il est (était) soupçonné par la police.
13. Les bagages sont (ont été) fouillés par les douaniers.

181 1. Cet homme excellait à prendre les choses toujours du bon côté.
2. Je m'efforcerai de répondre à toutes vos questions.

3. Ces deux projets se ressemblent sur bien des plans, mais diffèrent néanmoins sur un point essentiel: leur coût. (... essentiel, à savoir sur leur coût.)
4. Tu devrais avoir honte de ce que tu viens de dire.
5. Au bout de 20 ans de mariage, elle a divorcé pour refaire sa vie.
6. Cela ne se fait pas de déranger les gens à une heure pareille.
7. Prends garde de ne pas refaire la même faute.
8. Le nombre des victimes de l'accident ferroviaire a encore augmenté entre-temps.
9. Je ne peux pas aller chez le coiffeur sans prendre (de) rendez-vous.
10. Elle craint les responsabilités.

182
1. Pendant les vacances d'été, nous avons séjourné quelque temps en Bretagne chez des amis.
2. Mon opinion n'a pas varié depuis la semaine dernière.
3. Le caractère de ce jeune homme a beaucoup évolué au cours des dernières années.
4. Les prix ont doublé au cours des dix dernières années.
5. Je m'abstiendrai de tout commentaire.
6. Il faut souvent savoir patienter dans la vie avant d'atteindre son but.
7. Le paysage a beaucoup changé depuis mon dernier séjour ici.
8. Elle s'empressa d'aller raconter la nouvelle à sa voisine.
9. Le blessé était coincé dans sa voiture et ne pouvait bouger.
10. Le nombre des journaux a considérablement diminué depuis les années cinquante tant à Paris qu'en province.

183
1. Il s'agit de trouver un compromis.
2. Le médecin se fait beaucoup de souci car l'état de son patient a considérablement empiré au cours des dernières 24 heures.
3. Est-ce que tu te moques de moi?
4. Il résulte de cette enquête que le français n'est plus parlé que par 90 millions de personnes dans le monde.
5. Dites-moi, s'il vous plaît, ce qui est arrivé (ce qui s'est passé) au bureau en mon absence.
6. Cela se discute.
7. L'année passée, le coût de la vie a augmenté de 15%.
8. Prends ton temps pour te décider.

184
1. a) se laisser abattre   b) s'est abattu   c) abattre   d) s'est abattu
2. a) appeler   b) s'appelle   c) s'appellent
3. a) ai arrêté   b) n'arrête pas   c) arrêta   d) s'arrête   e) n'arrête pas   f) m'arrête
4. a) attendent   b) ne m'attends pas   c) ne s'attendait pas

185
5. a) me change   b) change   c) change   d) me changer
6. a) ne nous couchons jamais   b) couchent   c) se couche   d) me couche   e) couche
7. a) diriger   b) nous dirigions   c) se diriger   d) a déjà dirigé   e) se diriger
8. a) douter   b) ne se doutaient pas   c) me doutais   d) doute   e) douter

186
9. a) n'échapperai pas   b) se sont échappés   c) échappe   d) n'a échappé
   e) s'échapper   f) échappe   g) s'échappèrent
10. a) s'est écrasé   b) écraser
11. a) emporte   b) l'a emporté   c) emporterons   d) l'emporter   e) s'emporte
    f) l'emporter   g) ne s'emporte plus
12. a) m'ennuie   b) s'ennuient   c) ennuyer   d) s'ennuie

187 13. a) s'entendent   b) n'entends pas   c) s'entendent
14. a) ne s'entraîne pas   b) entraîne   c) ont entraîné   d) nous entraînons   e) ont entraîné
15. a) (s') imaginer   b) s'imagine   c) imaginer   d) s'imaginait
16. a) s'imposa   b) imposer   c) s'imposait   d) impose   e) s'imposer

188 17. a) nous passer   b) se passe   c) passerons   d) me passe   e) passerai
18. a) se plairont   b) plaisent   c) se plaisait   d) ne se plaisaient pas   e) ne plaît pas   f) se plaît
19. a) se plaint   b) plains   c) ne se sont jamais plaints   d) plains
20. a) se porte   b) ne porte jamais   c) ne se portait pas   d) porte

189 21. a) se portent   b) porter   c) a porté   d) ont porté
22. a) s'est produit   b) a produit   c) produit   d) se produira
23. a) ne me suis plus promené   b) avons promené   c) promènent   d) me promène
24. a) se propose   b) propose   c) me propose   d) proposez

190 25. a) ne me rappelle pas   b) rappelle   c) as rappelé   d) Rappelle-toi
26. a) remettre   b) s'est remis   c) a remis   d) se remet
27. a) se repose   b) repose   c) repose   d) se reposent   e) repose   f) reposer   g) se reposer
28. a) se tournent   b) se tourna   c) tournez
29. a) retournerais   b) nous sommes retournés   c) retourner   d) ai retourné

191 1. a) Cette voiture fut réparée le jour même.
   b) —
2. a) De telles découvertes ne sont pas faites tous les jours.
   b) ... ne se font pas ...
3. a) Ce pull a déteint, il a été lavé à une température trop élevée.
   b) —
4. a) Ce légume ne peut pas être mangé en salade.
   b) ... ne se mange pas ...
5. a) Les voitures japonaises sont vendues dans le monde entier.
   b) ... se vendent ...
6. a) Ces produits sont exportés dans les pays du Tiers-Monde.
   b) ... s'exportent ...
7. a) Cette découverte fut faite au 19e siècle par un chercheur français.
   b) —
8. a) L'enfant fut récompensé pour son application.
   b) —
9. a) Cette tente peut être montée en quelques minutes.
   b) ... peut se monter ...
10. a) Cette plante est cultivée en Amérique du Sud.
    b) ... se cultive ...

192 1. a) Le gazon est tondu tous les quinze jours par le jardinier.
   b) —
2. a) Il a été puni pour son crime.
   b) —

3. a) Ces travaux sont toujours effectués en automne.
   b) ... s'effectuent ...
4. a) L'arme a été volée le 2 août dans un magasin de Lyon.
   b) —
5. a) La nouvelle a été rapidement répandue.
   b) ... s'est rapidement répandue.
6. a) Cette règle ne peut pas être appliquée dans ce cas.
   b) ... ne s'applique pas ...
7. a) Les piles n'ont été rechargées qu'hier.
   b) —
8. a) Ce liquide inflammable est transporté dans des véhicules spéciaux.
   b) ... se transporte ...
9. a) Ce sérum est fabriqué dans un laboratoire suisse.
   b) ... se fabrique ...
10. a) Cette thérapie est surtout employée au Japon.
    b) ... s'emploie ...

1. a) Les contrats portant sur les exportations d'acier sont actuellement négociés à Bruxelles. **193**
   b) ... se négocient ...
2. a) Ce sérum est utilisé sous les tropiques.
   b) ... s'utilise ...
3. a) Les manifestants ont été repoussés par la police.
   b) —
4. a) Tout est décidé à Paris.
   b) ... se décide ...
5. a) Le cavalier a été projeté à terre au premier obstacle.
   b) —
6. a) Les prisonniers furent transportés en camion jusqu'au camp le plus proche.
   b) —
7. a) Cette association a été fondée en 1907.
   b) —
8. a) Cette sentence est justifiée par l'horreur du crime.
   b) ... se justifie ...
9. a) De nombreux spectateurs ont été blessés par les débris de la voiture accidentée.
   b) —
10. a) Le problème a été facilement résolu.
    b) ... s'est facilement résolu.

1. ... nos amis s'étaient fait voler leurs bagages. **194**
2. ... se fit connaître par ...
3. Il s'est fait blâmer par ...
4. L'enfant se faisait souvent gronder par ...
5. ... se fit immédiatement renvoyer.
6. ... elle devra se faire soigner ...
7. Il se fit opérer à Houston par ...
8. Le favori s'est fait battre ...
9. Combien de soldats se sont-ils fait tuer ...
10. ... se fit huer par ...
11. ... qu'il se faisait traiter de ...

195
1. ... se verront licencier (licenciés) par ...
2. ... se sont vu accueillir (accueillis) avec ...
3. ... il se vit soudain placer (placé) ...
4. ... elle s'est vu envoyer (envoyée) par ...
5. ... s'étaient vu répartir (réparties) dans ...
6. ... se voyait entraîner (entraîné) au ...
7. ... s'était vu disqualifier (disqualifié) ...
8. ... se vit projeter (projeté) par ...
9. ... se sont vu aider (aidés) ...
10. ... on se voit souvent délaisser (délaissé) ...
11. ... se voient contrôler (contrôlés) ...
12. Il se verra inviter (invité) à ...
13. Il se vit expulser (expulsé) ...
14. Le champion s'est vu féliciter (félicité) ...

196
1. Est-ce que vous allez bien?
2. Nous devons rentrer en classe, ça a sonné.
3. Nous ne manquons pas d'idées, mais d'argent pour les réaliser.
4. Je doute qu'il parvienne à s'imposer.
5. Lorsque le malade se leva pour la première fois, il eut le vertige.
6. Veux-tu, s'il te plaît, ouvrir la porte? On a sonné.
7. Comment vont vos enfants?
8. Je parie que tu n'arriveras pas à atteindre la cible.
9. Il avait très à cœur de rembourser ses dettes le plus vite possible.
10. Il lui vint tout d'un coup une idée lumineuse.

197
1. Hervé n'aime pas l'avion, car cela lui donne presque toujours mal au cœur.
2. La police n'est pas parvenue jusqu'ici à retrouver la trace des gangsters.
3. Nous nous sommes bien plu dans ce camping.
4. D'où vient que tu es (sois) aujourd'hui d'aussi bonne humeur?
5. Ne t'avise pas de leur en parler.
6. Nous n'avons jamais réussi à leur faire comprendre les raisons de notre décision.
7. Essaie de venir, peu importe si tu arrives en retard.
8. Il pleut à torrents, il n'empêche que notre voisin fait sa promenade habituelle.
9. Peu importe que tu aies fait ou non du latin.

198 1. – 2. – 3. – 4. à 5. d' 6. – 7. de 8. de 9. – 10. à 11. à 12. – 13. – 14. – 15. de 16. – 17. – 18. – 19. de 20. à

199 1. à 2. de 3. de 4. de 5. à 6. – 7. de 8. – 9. – 10. à 11. d' 12. de 13. à 14. – 15. de 16. – 17. à 18. de 19. de 20. –

200 1. de 2. de 3. à 4. – 5. – 6. à 7. à 8. de 9. – 10. de 11. de 12. – 13. de 14. de 15. – 16. à 17. de 18. d' 19. de 20. –

201 1. – 2. d' 3. à 4. de 5. à 6. – 7. de 8. d' 9. – 10. d' 11. – 12. à 13. de 14. d' 15. – 16. – 17. de 18. à 19. d' 20. de

202 1. à 2. de 3. – 4. de 5. à 6. de 7. de 8. – 9. d' 10. – 11. de 12. d' 13. de 14. –, (de) 15. de 16. de 17. – 18. à 19. de 20. de

1. à 2. de 3. – 4. de 5. à 6. de 7. à 8. de 9. – 10. de 11. d' 12. –   **203**
13. à 14. de 15. à 16. – 17. de 18. à 19. de 20. à

1. à 2. d' 3. de 4. à 5. de 6. à 7. – 8. de 9. à 10. –, (de), à 11. d'   **204**
12. –, d' 13. – 14. – 15. – 16. de 17. – 18. d' 19. de 20. – (d') 21. –

1. On vit s'installer la dictature ...   **205**
2. Il déteste voir ses propos tourner en dérision.
3. Cela nous inquiète de les savoir (voir) aussi indécis.
4. Nous espérons voir les négociations aboutir rapidement.
5. On a vu la région prendre de l'expansion grâce à ...
6. Nous sommes contents de savoir (voir) les travaux enfin terminés.
7. Je souhaite voir la situation évoluer dans le bon sens.
8. De nombreux travailleurs craignent de se voir réduire (réduits) au chômage du fait ...
9. Je fus rassuré de savoir (voir) tout le monde rentré.
10. Après l'invention du vaccin anti-polio, on a vu diminuer de façon importante le nombre de personnes atteintes de cette maladie.

1. J'aimerais vous voir participer à ...   **206**
2. Ce qui m'inquiète le plus, c'est de les savoir (voir) partis sans leurs papiers.
3. Les grands couturiers furent contents de voir leurs collections d'été rencontrer un tel intérêt.
4. Nous avions vu se détériorer le climat politique au fil des années.
5. Je suis surpris de savoir (voir) cette entreprise en difficulté.
6. Nous nous réjouissons à l'idée de vous voir rester encore ...
7. Je vois la liste des dépenses s'allonger.
8. Les riverains ont vu le niveau de l'Ardèche monter d'un mètre en quelques minutes.
9. Je préfère savoir (voir) les enfants à l'intérieur que dehors par ce temps.
10. Je ne serais pas étonné de voir le dollar continuer à monter dans les jours prochains.

1. Je n'ai pas réussi à le faire changer d'avis.   **207**
2. Le guide nous fit entrer dans la cathédrale par le grand porche.
3. Je vais me faire faire une robe longue par ma couturière.
4. Ferez-vous installer une piscine dans votre jardin?
5. Il ne se laisse jamais aller, même dans les moments les plus difficiles.
6. Je n'ai pas encore réussi à faire marcher cet appareil.
7. Pourrais-tu faire obéir ton fils?
8. Il nous fait partager sa joie.
9. Fais-moi penser que je dois prendre rendez-vous chez le dentiste.
10. Nous vous serions reconnaissants de nous faire connaître votre réponse le plus rapidement possible.

1. Je vais te faire entendre (écouter) la dernière cassette que j'ai enregistrée.   **208**
2. Tu ne vas tout de même pas me faire croire que tu n'étais pas au courant de cette affaire.
3. On a dû faire sauter ce vieux pont.
4. Je vous serais reconnaissant de bien vouloir me faire suivre mon courrier au mois d'août.
5. Il n'est pas toujours facile de faire taire des enfants.
6. D'où faites-vous venir votre vin?

7. Mon correspondant français m'a fait visiter toute la région de Tours.
8. Cet acteur s'est fait connaître par son dernier rôle.
9. Elle a dû se faire ramener à la maison en taxi.
10. Quelques députés de la majorité ont laissé entendre qu'ils ne voteraient pas le budget.

209
1. Elle s'est fait accompagner à la gare.
2. Il fait participer ses collaborateurs aux bénéfices de son entreprise.
3. La petite VW fait penser à une coccinelle.
4. Elle sait toujours faire prévaloir ses idées.
5. Il s'est déjà fait examiner par plusieurs spécialistes.
6. Il se fait passer pour Américain.
7. Ses parents sont toujours prêts à se laisser faire.
8. Elle cherche par tous les moyens à se faire remarquer.
9. De plus en plus de gens se font voler leur voiture.
10. Me suis-je bien fait comprendre?
11. Je voudrais te faire voir ma bibliothèque.
12. Je vais nous faire sauter quelques pommes de terre à la poêle.
13. Il m'a fait remarquer que j'étais en retard.
14. Il faudra que je fasse réparer mon aspirateur.
15. Quand ferez-vous construire votre maison?

210 1. à 2. à 3. de 4. de 5. de 6. par 7. de 8. à 9. par 10. à 11. de 12. de 13. à 14. à 15. à

211 1. à 2. de 3. de 4. de 5. par 6. à 7. d' 8. par 9. de 10. à 11. à 12. à

212
1. a) de b) à c) de d) à e) à f) de
2. a) à b) de c) à d) de e) de f) à g) à
3. a) — b) de
4. a) — b) de c) d' d) — e) d' f) de g) de h) —

213
5. a) à b) de c) de d) à e) de
6. a) de b) — c) de d) —
7. a) — b) d' c) à d) d' e) à f) —
8. a) de b) à c) de d) à e) à, à f) de

214
9. a) à b) à c) de d) à e) à f) à g) à
10. a) à b) — c) à d) — e) à f) — g) à h) à
11. a) à b) de c) de d) à e) à f) de

215
12. a) de b) à c) à d) à e) de
13. a) de b) —, de c) de d) — e) — f) de
14. a) — b) de c) à d) à e) à f) de g) — h) à i) à j) à

216
1. a) de b) à c) d' d) à
2. a) de b) à c) à d) de e) à f) de
3. a) d' b) à c) à d) de
4. a) à b) de c) à d) à e) de f) d'
5. a) d' b) à c) à d) de e) à f) de

217 1. de 2. de 3. à 4. de 5. de 6. à 7. de 8. de 9. de 10. à 11. de
12. de 13. de 14. à 15. de

218 1. de 2. de 3. à 4. de 5. de 6. à 7. de 8. à 9. de 10. à 11. de 12. de
13. de 14. de 15. à

219 1. de 2. d' 3. à 4. de 5. à 6. de 7. à 8. à 9. de 10. de 11. à 12. de
13. de 14. à 15. d' 16. à 17. d' 18. de 19. à 20. de, de

220 1. à 2. de 3. à 4. de 5. de 6. à 7. à 8. de 9. à 10. d' 11. de 12. à
13. à 14. de 15. à

221
1. Je tiens ce préjugé pour extrêmement dangereux.
    (J'estime (crois, trouve) ce préjugé extrêmement ...)
2. Elle le trouvait (jugeait, croyait) prétentieux.
3. Cette politique fiscale s'est avérée (révélée) désastreuse pour les entreprises de moyenne importance.
4. Il estimait (jugeait, trouvait, croyait) l'offre honnête.
5. Nous considérons les conditions de contrat comme acceptables.
    (Nous estimons (jugeons, trouvons) les conditions de contrat acceptables.)
6. Les Chinois passent pour des gens très affables.
    (On dit les Chinois très affables.)
7. Cet employé a réussi à se rendre indispensable à son patron.
8. Le président fit de son collaborateur de longue date son conseiller en matière de sécurité. (Le président promut son ... au rang de conseiller ... Le président choisit son ... comme conseiller ... Le président prit son ... pour conseiller ...)
9. Il l'a choisi (pris) pour adjoint.
10. Il a agi dans cette affaire en intermédiaire désintéressé.

222
1. Je suis votre adversaire politique, cependant vous avez tort de me prendre pour (considérer comme, tenir pour) votre ennemi personnel.
2. Ce pronostic s'est avéré (révélé) faux.
3. Je ne te crois (estime, juge, trouve) pas compétent en la matière.
4. Son style de direction passe pour autoritaire. (On dit son style de direction autoritaire.)
5. Cette actrice fait (paraît) beaucoup plus jeune sur scène qu'elle ne l'est en réalité. (... qu'elle n'est en réalité.)
6. Il fit de son avocat l'administrateur de ses biens. (Il choisit son ... pour être ... Il prit son ... pour être ...)
7. Ils ont pour habitude de partir en vacances hors saison.
8. Je considère l'incident comme clos. (Je juge (estime) l'incident clos.)
9. La brise venant de la mer rendait la chaleur sur la plage supportable.
10. Ses conseils se sont avérés (révélés) très utiles.

223
1. Cet homme politique passe pour libéral. (On dit cet homme politique libéral.)
2. Ce prêtre se fit l'apôtre des pauvres de son pays.
3. Le gouvernement considéra cette mesure comme un acte désobligeant et rappela immédiatement son ambassadeur pour consultation. (Le gouvernement jugea (estima, trouva) cette mesure désobligeante et ...)

4. Elle a pour manie de mâcher sans arrêt du chewing-gum.
5. La rouille avait rendu l'inscription illisible sur cette pièce de monnaie.
6. Elle a pour passe-temps favori l'équitation.
7. On le dit partisan d'une politique fiscale modérée. (Il passe pour être partisan ...)
8. Elle fait très jeune dans sa nouvelle robe.
9. Il a été déclaré (estimé, jugé, considéré comme) apte à occuper ces fonctions.
10. Le candidat de la majorité a été élu président de la commission des Finances.

224 1. Nous l'estimons (jugeons, croyons) tout à fait capable de réussir.
2. J'avais pour mission d'accompagner un groupe de jeunes au cours d'un voyage.
3. Je n'ai pas jugé (trouvé, estimé, cru, pensé) utile de vous rappeler.
4. Il était né pauvre.
5. On l'a nommé président honoraire de la société.
6. Il a été promu amiral.
7. Le climat de cette région est réputé très sain. (Le climat de cette région passe pour très sain.)
8. Il s'est révélé (avéré, montré) très doué en dessin.
9. Il se sent maître de la situation.
10. Je trouve ce plat délicieux.

225 1. Il se dit (se prétend, se présente comme) spécialiste en électronique.
2. Cette année nous avions choisi Royan comme lieu de vacances.
3. Cette grange leur sert maintenant de garage.
4. Je tiens ce raisonnement pour absurde. (J'estime (juge, trouve) ce raisonnement absurde.)
5. Il l'a traité d'hypocrite.
6. Ils nous traitaient comme leurs propres enfants.
7. Il nous a parlé en connaisseur de la peinture impressionniste.

226 1. a) au lancement   b) les réfugiés   c) l'a, à poursuivre   d) l'a, à affronter   e) de cette enquête
2. a) à l'attitude   b) les acteurs
3. a) son mari   b) au prochain   c) son professeur
4. a) à ce genre   b) le début   c) l'arrivée   d) à tout

227 5. a) à son patient, un séjour   b) le Président   c) au gouvernement, une politique   d) à son client de ne pas   e) la construction   f) à l'homme ... de vendre   g) l'opération
6. a) plus ce qu'il   b) au succès   c) une telle rumeur   d) en l'Indien, en un Dieu   e) à sa vocation   f) à l'avenir
7. a) lui, sa facilité   b) le caractère   c) tous les gens
8. a) l'ont félicité pour (de sa) promotion   b) de l'issue   c) de ce succès

228 9. a) (devant) la difficulté   b) les querelles   c) ces gens-là
10. a) quiconque   b) l'équipage, les passagers   c) le propriétaire de son pistolet   d) le village
11. a) à la conduite   b) le jury
12. a) sa grand-mère   b) leur pays aux réfugiés   c) le déroulement   d) son rendez-vous à son chef

Ein unentbehrliches Hilfsmittel,
wenn es um das Analysieren, Interpretieren und Kommentieren
französischer Texte jeglicher Art geht!

Französisches Lernwörterbuch zur Textanalyse

Von Bernhard Stentenbach. 64 Seiten   DM 6,40 (MD-Nr. 6722)
(Diesterwegs Neusprachliche Arbeitsmittel)

Das Lernwörterbuch enthält die wichtigsten Wörter, Ausdrücke und Wendungen des Französischen, die man kennen sollte, wenn man sich mit französischen Texten befaßt. Neben den bekannten literarischen Gattungen sind auch andere Textsorten lexikalisch erfaßt, also zum Beispiel auch politische Reden, Kommentare, Werbetexte, Chansons und Bildgeschichten.

Außerdem empfehlen wir:

L'Art de Conjuguer · Le Nouveau Bescherelle

Für das deutsche Sprachgebiet bearbeitet von Dieter Langendorf
216 Seiten   DM 14,80 (MD-Nr. 6771)
(Diesterwegs Neusprachliche Arbeitsmittel)

Diesterweg

Name _____

Vorname _____

Straße _____

PLZ, Ort _____

Beruf: _____

Meine Buchhandlung: _____

Datum: _____ Unterschrift: _____

Bitte
Postkarten-
Porto

Antwort

Verlag
Moritz Diesterweg
Postfach 110651

D-6000 Frankfurt 1

Dictionnaire du Français Langue Étrangère (DFLE)

Niveau 2:
Das einsprachige Wörterbuch für Fortgeschrittene

Mit einem Vorwort von F. J. Hausmann
XVI + 1088 Seiten, gebunden   DM 29,80 (6779)
(In Gemeinschaft mit dem Verlag Sauerländer, Aarau)

Der DFLE Niveau 2 ist für Fortgeschrittene bestimmt. Zwar ist er für Anfänger benutzbar, er erreicht aber seinen größten Nutzwert nach etwa vier bis fünf Jahren Französisch-Unterricht.
Der Band enthält über die Wörter des Niveau 1 hinaus weitere rund 2500 Wörter, also insgesamt über 5000 alphabetisch geordnete Wörterbuchartikel mit je einem Beispiel und einem Kommentarteil der im täglichen Leben beim Sprechen und Schreiben vorkommenden Wörter. Im alphabetischen Register sind weitere 5000 Wörter zu finden.
Die DFLEs sind Lernwörterbücher des Französischen, die den Lernenden auf allen Stufen seines Spracherwerbs begleiten und kontinuierlich zum Gebrauch großer Wörterbücher hinführen.

DIESTERWEG - LAROUSSE

Hiermit bestelle ich:

Dictionnaire du Français Langue Étrangère (DFLE)
..... **Niveau 2**
XVI + 1088 Seiten, gbd.   *DM 29,80 (MD-Nr. 6779)*

..... **Französisches Lernwörterbuch zur Textanalyse**
Von Bernhard Stentenbach. 64 Seiten   *DM 6,40 (MD-Nr. 6722)*
(Diesterwegs Neusprachliche Arbeitsmittel)

..... **L'Art de Conjuguer · Le Nouveau Bescherelle**
Für das deutsche Sprachgebiet bearbeitet von Dieter Langendorf
216 Seiten, gbd.   *DM 14,80 (MD-Nr. 6771)*
(Diesterwegs Neusprachliche Arbeitsmittel)

....
Datum   Unterschrift (ggf. des Erziehungsberechtigten)

Die angegebenen Preise verstehen sich ggf. zuzüglich Versandkosten und Nachnahmegebühren.

Preisstand: 1. 1. 1984   ·   Änderungen vorbehalten   ·   Bitte Absenderangaben auf der Rückseite nicht vergessen!

13. a) à la dépense   b) le portrait-robot   c) le cracheur   229
14. a) tous ses amis de (pour) leurs bons vœux   b) de (pour) votre soutien
15. a) deux maîtres   b) à la junte, de prétexte   c) un apéritif à nos amis   d) leur sert à détecter   e) de ses semblables   f) de base à la flotte   g) de viande
16. a) à la diminution   b) que   c) le point   d) à discréditer

1. a) ses partenaires   b) de la confiance   230
2. a) des étoiles   b) de la détérioration   c) de l'état   d) beaucoup de lions
3. a) l'artiste   b) de la piste   c) ta chaise de la table   d) des lieux   e) des auteurs   f) de la retraite   g) du bord   h) de leur fin
4. a) d'emploi   b) 500 DM   c) en haine   d) quelque chose à la situation   e) la   f) de voie   g) les pneus   h) en déception   i) d'amis   j) rien à son attitude

5. a) à nos visiteurs   b) de tes erreurs   c) à tout le monde   d) de l'ordre   231
6. a) de ta compétence   b) des bruits   c) de la sincérité
7. a) d'une tante, nos meubles   b) d'un parent   c) (de) cette maison   d) dont (que)   e) son habileté, de sa mère
8. a) à cet homme, le sens   b) de clarté   c) notre avion   d) de temps   e) à beaucoup d'enfants   f) l'occasion   g) d'assurance   h) à ses engagements   i) notre train

9. a) à ses (auprès de ses supérieurs) du manque   b) de l'hostilité   c) de la mauvaise   232   qualité   d) de l'atmosphère
10. a) de la qualité   b) à la carte   c) à mes besoins   d) de l'honnêteté   e) à votre invitation   f) à son attente
11. a) des origines   b) le sujet   c) du risque   d) ces produits   e) ses rhumatismes   f) le client   g) ses patients   h) de la vie   i) le thème
12. a) lui a usé la santé   b) de toute son autorité   c) l'ont

1. a) à ce magazine   b) à un quotidien   c) au POINT   233
2. a) au commerçant   b) le prix   c) à la vendeuse le roman   d) le gérant   e) au moniteur   f) Monsieur B. ou Monsieur T.
3. a) au sort   b) par les dessins   c) qu'aux personnes   d) aux livres, aux bandes
4. a) au tennis   b) les génies   c) d'un instrument   d) sur les mots   e) les pièces   f) au train, aux petites voitures   g) de la guitare, de l'accordéon   h) à la poupée   i) les femmes
5. a) aux manifestants   b) à cette affaire   c) de ce qui   d) à cet attentat   234   e) de tes affaires   f) à la foule
6. a) de ce projet à (avec) sa femme   b) leur, des causes   c) à ses collègues, de sa
7. a) aux conditions   b) sa vanité   c) à la demande
8. a) à leur maison   b) aux électeurs   c) qu'à toi   d) à ce bijou

1. l'adversaire   2. de cette   3. à cette   4. d'une   5. de disparition   6. la tempête   235
7. le contredire   8. de son   9. des mêmes   10. une nouvelle

1. à cette   2. de son   3. tous ses   4. de la vie   5. les conseils   6. le record   7. des   236   livres à la bibliothèque   8. de ses   9. nos marchés   10. la cordée

1. leur, ses vacances   2. de peur   3. de numéro   4. à son   5. d'efforts   6. de l'issue   237
7. l'ai   8. les flatte   9. de ses   10. de tous

238 1. de cette   2. à (dans) l'équipe   3. des pauvres   4. d'une   5. lui   6. les ont secourus   7. sur ses, de la mort   8. à cette   9. de sa   10. des idées

239 1. de ses   2. à cet   3. de la comptabilité   4. de voiture   5. de cette   6. ses amis   7. de ton   8. à ce   9. de ce   10. sa vie   11. d'une   12. d'asthme

240
1. C. entama la conversation en disant que cela faisait un temps fou qu'il ne l'avait vu. Il lui demanda ce qu'il devenait et où il courait comme cela.
2. G. manifesta à son tour sa surprise et dit qu'il était très pressé, comme son ami pouvait le voir, car il devait absolument poster ce paquet le jour même. Il lui demanda alors ce que lui faisait là.
3. C. répondit qu'il était rentré la veille de vacances et plus précisément d'un voyage en Corse qui l'avait enthousiasmé.
4. G. dit ensuite qu'il était dommage qu'il ait si peu de temps et qu'il aurait tellement envie qu'on lui parle longuement de l'île de Beauté. Il demanda à son ami de lui raconter tout de même brièvement son voyage. Il lui demanda encore s'il avait fait le tour de l'île ou s'il avait visité l'intérieur du pays.
5. C. lui répondit qu'il allait lui retracer son périple, puisque cela l'intéressait. Il commença en disant qu'il y avait trois semaines il s'était embarqué avec un groupe d'amis à Nice sur un ferry récemment mis en service sur la ligne Nice-Bastia, que la traversée avait été merveilleuse, que la mer avait été d'huile et le soleil radieux ...
6. G. s'excusa alors de l'interrompre et demanda à C. s'il pouvait lui dire tout de suite par où ils étaient passés.
7. C. répondit qu'ils avaient d'abord visité Bastia même puis qu'ils avaient fait le tour du Cap Corse et qu'ensuite ...
8. Mais G. l'interrompit à nouveau en s'écriant qu'il était déjà six heures moins le quart et que la poste allait fermer dans un quart d'heure et qu'il fallait donc qu'il parte immédiatement. Il lui demanda s'ils pourraient se retrouver le lendemain ou le sur-lendemain chez lui, et il ajouta qu'ainsi ils pourraient reparler de tout cela plus calmement.
9. C. répondit que c'était comme il voulait et qu'il pouvait passer chez lui le lendemain soir.
10. G. dit qu'il était d'accord, présenta à C. encore toutes ses excuses et le salua.
11. C. salua aussi son ami et lui confirma qu'ils se reverraient le lendemain.

241 Lösungsvorschlag

Bernard écrivait à ses parents que cela faisait déjà plus d'une semaine qu'il était à L., que le temps passait là-bas à toute allure et qu'il avait eu, les premiers jours, tellement de choses à découvrir et à faire qu'il n'avait pas trouvé le temps avant ce jour-là de leur adresser ces quelques lignes.
Il ajoutait que son voyage s'était passé sans incidents, que le fait d'avoir pris une couchette lui avait permis de dormir quelques heures, de sorte qu'il était arrivé frais et dispos vers 7 heures.
Il continuait en disant qu'à l'instant son regard tombait sur sa valise qu'il n'avait encore qu'à moitié déballée et que ceci prouvait à ses parents qu'il n'avait même pas trouvé le temps encore de s'installer véritablement, mais qu'il le ferait les jours suivants, car il avait déjà accompli toutes les formalités administratives pour la Fac.
Il écrivait encore que ses parents ne pouvaient pas s'imaginer l'animation qu'il y avait

là-bas et précisait qu'en ce début d'année universitaire il régnait même une certaine pagaille, car des centaines d'étudiants arrivaient là en même temps. Il donnait comme exemple la journée de la veille qui avait été particulièrement pénible. Il disait que partout il avait dû faire la queue pendant des heures avant d'obtenir enfin un renseignement ou de pouvoir remettre certains papiers.

Il en arrivait ensuite à parler des cours: il expliquait que l'atmosphère universitaire n'était pas du tout la même que celle du lycée et qu'il avait déjà l'impression que s'il voulait arriver à suivre, il lui faudrait apprendre à s'organiser et à trouver une méthode de travail efficace.

Il expliquait que depuis son arrivée il avait déjà fait la connaissance d'un étudiant originaire de G., qui s'appelait Philippe et qu'il trouvait bien sympathique, que cet étudiant était en seconde année et qu'il lui avait déjà donné quelques conseils très utiles et que le lendemain soir, ils assisteraient ensemble à une conférence avec projections sur l'Amérique et que cela lui faisait bien plaisir d'avance.

En terminant, il demandait à ses parents comment ils allaient, ce que faisait Dominique et il leur disait qu'ils seraient gentils de lui envoyer bientôt de leurs nouvelles et qu'en attendant donc de les lire, il les embrassait bien affectueusement.

Lösungsvorschlag 242

1. La mère demanda à son fils de quoi il avait l'air et constata que son blouson était tout déchiré. Elle lui demanda ce qui s'était passé.
2. Son fils lui répondit de ne pas s'affoler. Il lui assura qu'il n'avait rien de grave et qu'il avait simplement eu un accrochage en mobylette.
3. La mère lui demanda s'il était blessé et affirma qu'il y avait longtemps qu'elle se doutait que cela arriverait un jour. Elle ajouta que pour la mobylette c'était à présent (maintenant) terminé, qu'il n'y toucherait plus, autrement elle ne serait jamais tranquille.
4. Son fils lui répliqua qu'il ne fallait tout de même rien exagérer et qu'il ne fallait pas voir les choses comme ça.
5. Sa mère lui répondit que si et que (d'ailleurs) tous les jours dans le journal on parlait d'accidents de jeunes sur des deux-roues. Elle ajouta qu'en plus, il était un peu inconscient car il ne mettait pas son casque alors que le port en est obligatoire. Elle lui demanda qui était en tort dans l'accident.
6. Son fils lui répondit que c'était lui, que c'était du moins ce qu'avait affirmé la police. Et il expliqua que les agents sont toujours contre les jeunes et qu'ils s'étaient moqués d'un vieux monsieur qui voulait témoigner en sa faveur et qu'ils ne l'avaient même pas laissé parler.
7. La mère intervint pour demander à son fils de lui raconter alors comment les choses s'étaient passées.
8. Son fils lui dit qu'il était d'accord et il commença en disant qu'il y avait eu devant lui une 604 Peugeot, que tout d'un coup le conducteur avait freiné, qu'il avait fait un écart sur la gauche pour finalement pénétrer sous un porche à droite. Il ajouta qu'il pouvait affirmer que le conducteur n'avait pas mis son clignotant, mais que bien sûr, lui, avait prétendu le contraire. Il continua en disant que le fait était qu'il l'avait heurté, que la portière avant droite avait été légèrement cabossée et que la roue avant de sa mobylette était fichue.
9. La mère répondit qu'elle comprenait mais que son fils avait certainement roulé trop vite et n'avait pas fait assez attention à la circulation.

10. Le fils intervint pour dire que le plus ennuyeux, c'était qu'il n'avait pas ses papiers sur lui et qu'il devait les présenter à la police dès le lendemain.
11. La mère ajouta que par la même occasion il aurait droit à une amende.
12. Son fils admit qu'il en avait bien peur.
13. La mère lui dit qu'il allait falloir penser à écrire toute de suite à son assurance.
14. Son fils approuva mais pria sa mère de le laisser continuer à se servir de sa mobylette.
15. La mère conclut en disant qu'ils en reparleraient plus tard.

243 1. —   2. de savoir   3. de savoir   4. pour savoir   5. —   6. de savoir   7. de savoir   8. —   9. de savoir   10. —   11. de savoir   12. —   13. —   14. à savoir   15. de savoir   16. —   17. —   18. de savoir   19. —   20. —

244 1. de savoir   2. —   3. pour savoir   4. de savoir   5. de savoir   6. —   7. à savoir   8. de savoir   9. de savoir   10. de savoir   11. —   12. —   13. pour savoir   14. de savoir   15. —   16. de savoir

245 1. Il a neigé toute la journée.
2. Ce garçon ne manque pas d'audace.
3. Je me suis levé à 10 h.
4. Il faut faire particulièrement attention à ce carrefour.
5. Je n'avais encore jamais vu un poisson de cette taille.
6. Tu dois y faire particulièrement attention. (Tu dois particulièrement faire attention à cela.)
7. Je ne peux pas trancher seul une question d'une telle importance.
8. Je m'occuperai plus tard de cette affaire.
9. On ne peut tout de même pas abattre un si bel arbre.
10. Nous avons tout vérifié ; le défaut ne peut pas venir du moteur.

246 1. Je n'ai encore jamais entendu ce nom-là.
2. Je n'aurais jamais pensé à cette possibilité.
3. On ne devrait même pas répondre à une question pareille.
4. Quoi? Vous avez repoussé la réunion à lundi prochain?
5. Je ne mentionnerai pas ce détail dans mon rapport.
6. Je n'ai pas trouvé ce mot dans le dictionnaire.
7. Je ne parierais pas gros sur la victoire de ce cheval.
8. Les pouvoirs publics ont trop peu fait jusqu'ici pour certaines régions telles que la Bretagne et la Corse.
9. Personne ne s'attendait à ce genre de réaction.
10. Il faudrait d'abord que j'y réfléchisse.
11. Je ne peux vraiment pas approuver un tel comportement vis-à-vis de ses semblables.

247 1. a) Philippe, je l'ai rencontré à la banque.
   b) A la banque, j'ai rencontré Philippe.
2. a) Ces 4 000 francs, Thomas les a gagnés pendant ses vacances.
   b) Pendant ses vacances, Thomas a gagné 4 000 francs.
3. a) Cette table, nous l'avons vue aux Galeries Lafayette.
   b) Aux Galeries Lafayette, nous avons vu cette table.
4. a) Cette randonnée avec Gilbert, je l'ai faite à Pâques.
   b) Cette randonnée à Pâques, je l'ai faite avec Gilbert.

5. a) Ces comprimés, je les prends quand j'ai le mal de mer.
   b) Quand j'ai le mal de mer, je prends ces comprimés.
6. a) Nos meubles, nous les transporterons lundi prochain en camionnette.
   b) Lundi prochain, nous transporterons nos meubles.
7. a) Sa conférence sur l'océan antarctique, le professeur Ménard l'a faite à Stockholm.
   b) A Stockholm, le professeur Ménard a fait sa conférence sur l'océan antarctique.
8. a) Cette vieille lampe, je l'ai trouvée chez un brocanteur.
   b) Chez ce brocanteur, j'ai trouvé cette vieille lampe.
9. a) Mes amis, je les ai rencontrés hier soir en ville.
   b) En ville, j'ai rencontré mes amis.
10. a) Ses études de droit, il les a faites à Montpellier.
    b) A Montpellier, il a fait des études de droit.

248

1. Mes renseignements, oui, je les ai obtenus.
2. Cette rencontre, oui, je m'en souviens encore.
3. Les frais, oui, nous y participerons.
4. Moi, oui, je viens.
5. Véronique, oui, nous la lui avons apprise.
6. Mes amis, oui, j'y vais après le repas.
7. Du parfum, oui, j'en achète de temps à autre.
8. Mes papiers, oui, je les ai pris.
9. Ses enfants, oui, il s'en occupe beaucoup.
10. Cette histoire, oui, j'y pense encore.
11. Elle, oui, elle travaille bien.
12. Mes parents, oui, je le leur ai dit.
13. Eux, oui, je les ai revus récemment.
14. Mon rendez-vous, oui, je l'ai pris.
15. Lui, oui, il débute.
16. Ses frères et sœurs, oui, il leur en a parlé.

249

1. a) C'est pour eux que nous avons fait cela.
   b) —
2. a) C'est au maire qu'il faut s'adresser pour obtenir ce document.
   b) —
3. a) C'est Pierre Corneille qui a écrit «Le Cid».
   b) «Le Cid» a été écrit par Pierre Corneille.
4. a) C'est de mon neveu que je parle.
   b) —
5. a) C'est à l'âge de 18 ans qu'il a décidé de partir.
   b) —
6. a) C'est tante Nicole qui m'a offert cette poupée.
   b) Cette poupée m'a été offerte par tante Nicole.
7. a) C'est le lendemain que tout s'est décidé.
   b) Tout a été décidé le lendemain.
8. a) C'est de cette manière qu'on pourra progresser.
   b) —
9. a) C'est Charles de Gaulle qui a fondé la Ve République.
   b) La Ve République a été fondée par Charles de Gaulle.

10. a) C'est le baron de Coubertin qui a réintroduit les Jeux Olympiques aux XIXe siècle.
    b) Les Jeux Olympiques ont été réintroduits au XIXe siècle par le baron de Coubertin.

250 1. a) C'est au gymnase que la fête aura lieu.
   b) —
2. a) C'est l'architecte Garnier qui a construit l'Opéra de Paris.
   b) L'Opéra de Paris a été construit par l'architecte Garnier.
3. a) C'est le bruit qui m'agace.
   b) Je suis agacé par le bruit.
4. a) C'est par l'intermédiaire d'un collègue que j'ai eu cette adresse.
   b) —
5. a) C'est à onze que nous étions partis.
   b) —
6. a) C'est Mario Andretti qui a remporté le championnat du monde de Formule I en 1978.
   b) Le championnat du monde de Formule I en 1978 a été remporté par Mario Andretti.
7. a) C'est peu après votre départ qu'il a téléphoné.
   b) —
8. a) C'est la collection d'objets préhistoriques qui m'a fasciné dans ce musée.
   b) J'ai été fasciné, dans ce musée, par la collection d'objets préhistoriques.
9. a) C'est à Dijon qu'on a posté la lettre.
   b) La lettre a été postée à Dijon.
10. a) C'est à Graham Bell qu'on attribue l'invention du téléphone.
    b) L'invention du téléphone est attribuée à Graham Bell.

251 1. Il y a encore une question qui se pose, à savoir comment sera financé ce projet. (... se pose : celle de savoir comment ...)
2. Il n'y a qu'un moyen qui me paraisse efficace.
3. Voilà un paquet qu'on vient d'apporter pour vous.
4. Cela fait trois jours que j'attends le plombier.
5. Voilà que commence le sprint.
6. Il y a un détail qui m'a frappé dans cet article : c'est le manque de psychologie de son auteur.
7. Cela fait six mois qu'il ne fume plus.
8. Il n'y a qu'un dépistage précoce qui permette un traitement efficace de cette maladie.
9. Voilà bien longtemps que je n'ai plus entendu parler de cette affaire.
10. Il y a des gens qui trouvent toujours une bonne raison pour critiquer leurs semblables.

252 1. Voilà deux points sur lesquels nous n'avons pas encore réussi à tomber d'accord.
2. Voilà deux ans déjà qu'il travaille à cet ouvrage.
3. Il y a une idée qui revient tout au long de ce roman : celle du temps qui nous échappe.
4. Il n'y a qu'un spécialiste qui puisse vous venir en aide dans ce cas précis.
5. Il y a une phrase de son discours qui ne m'a pas plu du tout.
6. Voilà quelque temps déjà que je ressens une douleur dans le genou gauche.
7. Voilà une photo qui est surexposée.
8. Il n'y a que peu d'actrices qui aient eu jusqu'ici le courage d'interpréter ce rôle.
9. Il y a dans ce poème un vers dont je me souviens parfaitement.

10. Les Européens ne sont plus les maîtres du monde: voilà une réalité que l'on ne devrait pas oublier.
11. Il n'y a pas que le talent qui soit utile pour atteindre au succès.

1. Il faut noter encore un autre avantage de ce moteur, à savoir sa faible consommation.   253
2. Il en résulte une dégradation de la qualité de la vie.
3. Il faut évoquer un autre aspect de la question qui est celui de la forte augmentation du nombre des insectes.
4. Il y aurait une autre possibilité, à savoir la réduction des importations. (Il y aurait une autre possibilité: ce serait de réduire (limiter) les importations.)
5. Il y a certaines questions que je préférerais ne pas aborder aujourd'hui.
6. Il est à noter que la population diminue fortement dans certaines régions de la France.
7. Il y a de plus en plus de gens insatisfaits.
8. Il y a (Il se trouve) des gens qui prétendent toujours tout savoir mieux que les autres.

1. Il vint plus de 80 000 visiteurs à cette exposition.   . 254
2. Il tomba des grêlons gros comme des œufs de pigeon.
3. Il se vend chaque semaine plus d'un million d'exemplaires de cette revue.
4. Comment veux-tu que je fasse ce puzzle? Il manque au moins dix pièces.
5. Il ne me reste que deux cents francs pour finir le mois.
6. Il se présente de plus en plus de gens pour participer à des randonnées.
7. Il arrive parfois des choses incroyables.
8. Il se dessine des tendances contradictoires au sein du groupe.
9. Il a surgi de nombreuses difficultés.
10. Il s'édite de plus en plus de biographies d'artistes.
11. Il ne se vend que des blue-jeans dans ce magasin.
12. Il se produit trop d'accidents de deux-roues.
13. Il se décide beaucoup trop de choses dans la capitale.
14. Il se profile dans l'art moderne des courants très divers.
15. Il ne subsiste que peu de chances de les sauver.
16. Il se trouve de plus en plus de jeunes prêts à travailler pendant (pour) les vacances d'été (les grandes vacances).

1. ... de ne pas parler ...   255
2. ... à ne pas céder ...
3. ... de ne pas (plus) se mêler ...
4. ... ne plus se souvenir (ne pas se souvenir) ...
5. ... de ne pas avoir (de n'avoir pas) accepté ...
6. ... ne pas avoir (n'avoir pas) vu ...
7. ... de ne pas avoir (n'avoir pas) négligé ...
8. ... de ne pas avoir (de n'avoir pas) été suivi ...
9. ... de ne pas changer ...
10. ... de ne pas t'avoir dit ...

1. Non, elle ne m'a pas aidée.   256
2. Non, l'Allemagne ne possède plus de colonies.
3. Non, je n'ai jamais repensé à cette éventualité.
4. Non, nous ne sommes guère allés à la piscine cet été.
5. Non, il n'est rien arrivé.
6. Non, nous ne passons plus nos vacances en Provence.

7. Non, il n'y a plus de timbres de collection.
8. Non, le devoir n'était guère difficile.
9. Non, personne n'était d'accord.
10. Non, nous n'avons pas entendu cette information à la radio.

257
1. Non, je ne parle ni anglais, ni français, ni italien.
2. Non, je ne trouve rien à redire.
3. Non, nous ne sommes guère sortis ces derniers temps.
4. Non, je n'ai plus envie d'aller au cinéma.
5. Non, personne ne fut enthousiaste.
6. Non, je n'ai vu nulle part tes clefs de voiture.
7. Non, personne ne s'attendait à la victoire.
8. Non, je ne suis plus enrhumé.
9. Non, il n'y a pas que cela.
10. Non, personne n'a pu nous fournir le renseignement souhaité.

258
1. Moi, je n'ai pas peur non plus.
2. Non, je n'ai aucune idée de l'endroit où il séjourne actuellement. (Non, je n'ai pas la moindre idée de ...)
3. Non, il n'y a pas que le paiement au comptant qui soit accepté.
4. Non, ni les Français, ni les Italiens, ni les Britanniques ne sont d'accord avec les propositions de la Commission Européenne de Bruxelles.
5. Non, elle n'a rien fait pour faire valoir ses droits.
6. Non, aucun invité n'est arrivé.
7. Non, il n'y a pas qu'un moyen de parvenir à ce résultat.
8. Non, il n'a été soutenu ni moralement ni financièrement par ses amis.
9. Non, je n'ai lu ni ses romans ni les pièces de théâtre d'Albert Camus.
10. Non, nous n'avons pas vu non plus ce film.
11. Non, je n'ai rien trouvé pour Alexandre dans ce magasin de jouets.

259
1. Si jamais vous avez des difficultés, adressez-vous à moi.
2. Cet individu est capable de rester des heures sans rien faire.
3. Je n'ai pas la moindre idée de ce qu'on pourrait faire dans ce cas.
4. Est-ce que cet incident aura des suites pour lui? Non, aucune.
5. Personne ne voulait payer les pots cassés.
6. Cette génération n'a jamais su ce que c'était que d'avoir faim.
7. Quelqu'un m'a-t-il demandé? Non, personne.
8. C'est le seul être au monde qu'il ait jamais aimé.
9. Je ne suis pas du tout d'humeur à supporter tes reproches.
10. Ni il ne fume, ni il ne boit. (Il ne fume ni ne boit.)

260
1. Je ne ferai plus aucun commentaire sur cette affaire.
2. N'as-tu pas de cigarettes sur toi?
3. Cet accident ne vous a-t-il occasionné aucuns frais?
4. Il s'est tiré d'affaire sans l'aide de personne.
5. Il devrait de toute urgence faire quelque chose pour sa santé.
6. Nos amis n'ont encore aucun projet de vacances.
7. Nous n'avons rien trouvé non plus qui nous convienne.
8. Il ne s'intéresse à rien d'autre qu'au sport.
9. As-tu jamais vu quelque chose de plus beau?

10. Je ne connais ni l'Espagne ni le Portugal.
11. Nous n'avons rencontré nulle part de personnes aussi accueillantes que dans ce pays.
12. Gilbert n'a pas réussi (lui) non plus à faire ce puzzle.

1. pas   2. non   3. non pas (non)   4. pas (non)   5. pas (non)   6. pas (non)   7. non
pas (non, pas)   8. non   9. non (non pas)   10. pas   11. non   12. non (pas)   13. non
14. non (pas)   15. pas (non, non pas)